新会计审计准则系列教程

《财务管理》习题及解析

CAIWU GUANLI XITI JI JIEXI

■ 杨忠智 主 编
戴娟萍 副主编

浙江人民出版社

新会计审计准则系列教程编辑委员会

前 言

《〈财务管理〉习题及解析》是《财务管理》(杨忠智主编,浙江人民出版社2007年版)的配套教学用书。本书根据《财务管理》教材的内容体系,设置三个板块:同步练习、综合练习和模拟试题。其中同步练习部分是针对各章节配置相应内容的练习题,题型有名词解释、单项选择题、多项选择题、判断题、简答题和计算题六种,结合综合练习题和模拟试题,可以帮助学生全面、系统地掌握财务管理的理论知识和方法,提高综合分析问题和解决问题的能力。本书除名词解释和简答题的答案省略外,其他题目不仅给出答案,一般还给出解析,以帮助学生能对知识有较深入的理解和认识。

本书由杨忠智任主编,戴娟萍任副主编。具体分工如下:同步练习中,第一章、第二章、第五章、第十三章由杨忠智编写,第三章、第七章、第九章由余景选编写,第四章、第八章由洪耀忠编写,第六章、第十章、第十一章、第十二章由戴娟萍编写;综合练习及模拟试题由杨忠智编写。

限于编者的理论水平和业务能力,书中难免有不足和错误,恳请读者批评指正。

编 者

2008年10月

目 录

第一章
财务管理总论

练习题

一、名词解释

1. 企业财务
2. 企业财务管理
3. 企业财务关系
4. 理财环境
5. 金融市场

二、单项选择题

1. 以企业价值最大化作为财务管理的目标,它具有的优点不包括(　　)。
   A. 考虑了资金的时间价值
   B. 反映了投资的风险价值
   C. 有利于社会资源合理配置
   D. 即期上市公司股价可直接揭示企业获利能力
2. 下列指标中能够较好地反映企业价值最大化目标实现程度的是(　　)。
   A. 税后利润　　B. 净资产收益率
   C. 每股市价　　D. 剩余收益
3. (　　)的应用领域之一是沉没成本概念。
   A. 双方交易原则　　B. 引导原则
   C. 信号传递原则　　D. 净增效益原则
4. 作为企业财务管理的目标,每股收益最大化较之利润最大化的优点是(　　)。

A. 考虑了资金时间价值的因素

B. 反映了创造利润与投资资本之间的关系

C. 考虑了风险因素

D. 可以避免企业的短期行为

5. 企业财务关系中最为重要的关系是(　　)。

A. 股东与经营者之间的关系

B. 股东与债权人之间的关系

C. 企业与作为社会管理者的政府有关部门、社会公众之间的关系

D. 股东、经营者、债权人之间的关系

6. 在下列经济活动中,能够体现企业与投资者之间财务关系的是(　　)。

A. 企业向职工支付工资

B. 企业向其他企业支付货款

C. 企业向国家税务机关缴纳税款

D. 国有企业向国有资产投资公司支付股利

7. 在下列各项中,从甲公司的角度看,能够形成"本企业与债务人之间财务关系"的业务是(　　)。

A. 甲公司购买乙公司发行的债券

B. 甲公司归还所欠丙公司的货款

C. 甲公司从丁公司赊购产品

D. 甲公司向戊公司支付利息

8. 下列各项中,不能协调所有者与债权人之间矛盾的方式是(　　)。

A. 市场对公司强行接收或吞并

B. 债权人通过合同实施限制性借款

C. 债权人停止借款

D. 债权人收回借款

三、多项选择题

1. 金融市场按交易的性质可分为(　　)。

A. 货币市场　　B. 资本市场

C. 发行市场　　D. 流通市场

2. 有关财务交易的零和博弈表述正确的有(　　)。

A. 一方获利只能建立在另外一方付出的基础上

B. 在已经成为事实的交易中,买进的资产和卖出的资产总是一样多

C. 零和博弈中,双方都按自利行为原则行事,谁都想获利而不是吃亏

D. 在市场环境下,所有交易从双方来看都表现为零和博弈

3. ( )属于创造价值原则的内容。

A. 净增效益原则　　B. 比较优势原则

C. 期权原则　　D. 风险—报酬权衡原则

4. 如果市场是完全有效的,基于市场有效原则可以得出的结论有( )。

A. 在证券市场上,购买和出售金融工具的交易的净现值等于零

B. 股票的市价等于股票的内在价值

C. 账面利润始终决定着公司股票价格

D. 财务管理目标是股东财富最大化

5. 利润最大化理财目标的缺点包括( )。

A. 片面追求利润最大化,可能导致企业短期行为

B. 不利于不同资本规模的企业或同一企业的不同期间之间的比较

C. 不能直接反映企业创造剩余产品和社会贡献的大小

D. 没有考虑资金时间价值和风险因素

6. 下列各项中,属于企业资金营运活动的有( )。

A. 采购原材料　　B. 销售商品

C. 购买国库券　　D. 支付利息

7. 由企业筹资活动引起的财务关系主要有( )。

A. 企业与投资者之间的财务关系　B. 企业与债务人之间的财务关系

C. 企业与债权人之间的财务关系　D. 企业与受资者之间的财务关系

8. 在不存在通货膨胀的情况下,利率的组成因素包括( )。

A. 纯利率　　B. 违约风险报酬率

C. 流动性风险报酬率　　D. 期限风险报酬率

9. 在下列各项中,属于财务管理经济环境构成要素的有( )。

A. 经济周期　　B. 经济发展水平

C. 宏观经济政策　　D. 金融市场

四、判断题

1. 经营者和所有者的主要矛盾是所有者支付经营者的享受成本与经营者创造的企业价值之间的矛盾。　( )

2. 企业的资金运动既表现为钱和物的增减变动,又体现了人与人之间的经济利益关系。　( )

3. 企业价值最大化目标强调的是预期获利能力。 ( )

4. 股东从公司取得股利,体现的是企业与受资者之间的财务关系;企业向税务部门上缴税金,体现了企业与债权人之间的财务关系。 ( )

5. 在确定企业财务管理目标时,只需要考虑所有者或股东的利益,企业价值最大化实际上就是实现所有者或股东利益最大化。 ( )

6. 财务管理环境是指对企业财务活动和财务管理产生影响作用的企业各种外部条件的统称。 ( )

7. 民营企业与政府之间的财务关系体现为一种投资与受资关系。 ( )

8. 应用引导原则可能帮助你找到一个最好的方案,也可能使你遇上一个最坏的方案。 ( )

五、简答题

1. 简述财务管理与会计的联系与区别。

2. 建立企业财务管理体制的基本原则是什么?其基本意义是什么?

3. 企业不同组织形式的财务管理分别有何优势和劣势?

4. 如何理解企业所有者与经营者的矛盾?你认为可以运用哪些方法来协调两者之间的矛盾?

5. 如何理解资本市场有效原则?你认为我国目前资本市场现状如何?形成这种现状的主要原因是什么?

答案及解析

一、名词解释

解释:略

二、单项选择题

1. 答案:D

解析:对于股票上市企业,虽可通过股票价格的变动揭示企业价值,但是股价是受多种因素影响的结果,特别是即期市场上的股价不一定能够直接揭示企业的获利能力,只有长期趋势才能做到这一点。

2. 答案:C

3. 答案:D

解析:净增效益原则应用领域之一是差额分析法,另一个应用是沉没成本概念。

4. 答案:B

解析:每股收益最大化的优点是反映了创造利润与投资资本之间的关系,但没有考虑风险因素,也不能避免企业的短期行为。

5. 答案:D

解析:企业为了实现自身的财务目标,必须协调好股东、经营者和债权人这三者之间的利害关系,因此,他们之间的关系就成了企业最重要的财务关系。

6. 答案:D

解析:企业与投资者之间的财务关系主要是指企业的投资者向企业投入资金,企业向其投资者支付投资报酬所形成的经济关系。

7. 答案:A

解析:甲公司购买乙公司发行的债券,则乙公司是甲公司的债务人,所以选项A形成的是"本企业与债务人之间财务关系";选项B、C、D形成的是企业与债权人之间的财务关系。

8. 答案:A

三、多项选择题

1. 答案:CD

2. 答案:ABC

解析:在存在税收的情况下,一些交易表现为非零和博弈,所以选项D不正确。

3. 答案:ABC

解析:"风险—报酬权衡原则"属于财务交易原则。

4. 答案:AB

解析:股价可以综合反映公司的业绩,因此有些公司用关联方交易、资产置换等手段制造虚假账面利润,妄图欺骗市场的人。如果资本市场是有效的,购买或出售金融工具的交易的净现值就为零。财务管理目标是股东财富最大化不是基于市场有效原则得出的结论。

5. 答案:ABD

解析:利润最大化理财目标的缺点包括:(1) 片面追求利润最大化,可能导致企业短期行为;(2) 不利于不同资本规模的企业或同一企业的不同期间之间的比较;(3) 没有考虑资金时间价值和风险因素。其优点是:能够反映企业创造剩余产品和社会贡献的大小。

6. 答案:AB

7. 答案:AC

解析:投资者向企业提供权益资金,体现了企业与投资者之间的财务关系;企业通过举债获得资金,即债权人借款给企业,体现的是企业与债权人之间的财务关系。因此,选项 A、C 正确。企业向债务人提供资金或进行股权投资,属于投资活动,所以选项 B、D 不正确。

8. 答案:ABCD

9. 答案:ABC

解析:影响财务管理的经济环境因素主要包括经济周期、经济发展水平、宏观经济政策。金融市场属于金融环境范畴。

四、判断题

1. 答案:对

解析:经营者和所有者的主要矛盾就是经营者希望在提高企业价值和股东财富的同时,能更多地增加享受成本;而所有者和股东则希望以较小的享受成本支出带来更高的企业价值或股东财富。

2. 答案:对

解析:企业的资金运动从表面上看是钱和物的增减变动,但其钱和物的增减变动都离不开人与人之间的经济利益关系。

3. 答案:对

4. 答案:错

解析:股东从公司取得股利,体现的是企业与所有者之间的财务关系;企业向税务部门上缴税金,体现了企业与政府之间的财务关系。

5. 答案:错

解析:在确定企业财务管理目标时,不能忽视相关利益群体的利益,企业价值最大化目标,是在权衡企业相关者利益的约束下实现所有者或股东权益的最大化。

6. 答案:错

解析:财务管理环境又称理财环境,是指对企业财务活动和财务管理产生影响作用的企业内外部各种条件的统称。

7. 答案:错

解析:民营企业与政府之间的财务关系体现为一种强制无偿的分配关系。

8. 答案:错

解析:引导原则指当所有办法都失败时,寻找一个可以信赖的榜样作为自己的引导。引导原则不会帮你找到最好的方案,却常常可以使你避免采取最差的行动,它是一个次优化准则。

五、简答题

答案及解析:略

第二章
财务管理的基本观念和方法

练习题

一、名词解释

1. 资金时间价值
2. 普通年金
3. 预付年金
4. 年偿债基金
5. 年资本回收额
6. 系统风险
7. 非系统风险

二、单项选择题

1. 某人在年初存入一笔资金,存满 4 年后从第 5 年年末开始每年年末取出 1000 元,至第 8 年末取完。银行存款利率为 10%,则此人应在最初一次存入银行的资金为(　　)元。

   A. 2848　　B. 2165　　C. 2354　　D. 2032

2. 已知(F/A,10%,9)=13.579,(F/A,10%,11)=18.531。则 10 年、10% 的即付年金终值系数为(　　)。

   A. 17.531　　B. 15.937　　C. 14.579　　D. 12.579

3. 若使复利终值经过 4 年后变为本金的 2 倍,半年计息一次,则年利率应为(　　)。

   A. 18.10%　　B. 18.92%　　C. 37.84%　　D. 9.05%

4. 在复利计息下,当计息期短于 1 年时,实际利率同名义利率关系表现为(　　)。

A. 实际利率小于名义利率　　B. 实际利率大于名义利率

C. 两者相等　　D. 不能确定大小

5. 已知$(P/A,10\%,4)=3.170$，$(F/A,10\%,4)=4.641$，则相应的偿债基金系数为(　　)。

A. 0.315　　B. 5.641　　C. 0.215　　D. 3.641

6. 某企业年初借得50000元贷款，10年期，年利率12%，每年末等额偿还。已知年金现值系数$(P/A,12\%,10)=5.6502$，则每年应付金额为(　　)元。

A. 8849　　B. 5000　　C. 6000　　D. 28251

7. 有一项年金，前3年无流入，后5年每年年初流入500万元，假设年利率为10%，其现值为(　　)万元。

A. 1994.59　　B. 1565.68　　C. 1813.48　　D. 1423.21

8. 现有两个投资项目甲和乙，已知甲、乙方案的期望值分别为5%、10%，标准离差分别为10%、19%，那么(　　)。

A. 甲项目的风险程度大于乙项目的风险程度

B. 甲项目的风险程度小于乙项目的风险程度

C. 甲项目的风险程度等于乙项目的风险程度

D. 不能确定

9. 若某股票的β系数等于1，则下列表述正确的是(　　)。

A. 该股票的市场风险大于整个市场股票的风险

B. 该股票的市场风险小于整个市场股票的风险

C. 该股票的市场风险等于整个市场股票的风险

D. 该股票的市场风险与整个市场股票的风险无关

10. 证券投资组合的非系统风险具有的特征是(　　)。

A. 对各个投资者的影响程度相同

B. 可以用β系数衡量其大小

C. 可以通过证券投资组合来削减

D. 只能回避而不能消除

11. 下列阐述不正确的是(　　)。

A. 对于单个方案，决策者可根据其标准离差(率)的大小，并将其与设定的可接受的此项指标最高限值对比作出取舍

B. 对于多方案择优，应选择标准离差最低、期望收益最高的方案

C. 标准离差能正确评价投资风险程度的大小，因而可将风险与收益结合起来进行分析

D. 诱使投资者进行风险投资的因素是风险收益

12. 已知甲方案投资收益率的期望值为15%，乙方案投资收益率的期望值为12%，两个方案都存在投资风险。比较甲、乙两方案风险大小应采用的指标是（ ）。

A. 方差　　B. 净现值

C. 标准离差　　D. 标准离差率

13. 如果两个投资项目预期收益的标准离差相同，而期望值不同，则这两个项目（ ）。

A. 预期收益相同　　B. 标准离差率相同

C. 预期收益不同　　D. 未来风险报酬相同

14. 证券市场线反映了个别资产或投资组合（ ）与其所承担的系统风险β系数之间的线性关系。

A. 风险收益率　　B. 无风险收益率

C. 通货膨胀率　　D. 必要收益率

15. 已知某种证券收益率的标准差为0.2，当前的市场组合收益率的标准差为0.4，两者之间的相关系数为0.5，则两者之间的协方差是（ ）。

A. 0.04　　B. 0.16　　C. 0.25　　D. 1.00

三、多项选择题

1. 某公司拟购置一处房产，付款条件是：从第7年开始，每年年初支付10万元，连续支付10次，共100万元，假设该公司的资金成本率为10%，则相当于该公司现在一次付款的金额为（ ）万元。

A. $10[(P/A,10\%,15)-(P/A,10\%,5)]$

B. $10(P/A,10\%,10)(P/F,10\%,5)$

C. $10[(P/A,10\%,16)-(P/A,10\%,6)]$

D. $10[(P/A,10\%,15)-(P/A,10\%,6)]$

2. 下列各项中，属于年金形式的项目有（ ）。

A. 零存整取储蓄存款的整取额　　B. 定期定额支付的养老金

C. 年资本回收额　　D. 偿债基金

3. 下列表述中，正确的有（ ）。

A. 复利终值系数和复利现值系数互为倒数

B. 普通年金终值系数和普通年金现值系数互为倒数

C. 普通年金终值系数和偿债基金系数互为倒数

D. 普通年金现值系数和资本回收系数互为倒数

4. 在下列各项中,可以直接或间接利用普通年金终值系数计算出确切结果的项目有(　　)。

A. 偿债基金　　B. 先付年金终值

C. 永续年金现值　　D. 永续年金终值

5. 如果$(F/P,12\%,5)=1.7623$,则下述系数正确的有(　　)。

A. $(P/F,12\%,5)=0.5674$　　B. $(F/A,12\%,5)=6.3525$

C. $(P/A,12\%,5)=3.6050$　　D. $(A/P,12\%,5)=0.2774$

6. 在进行两个投资方案比较时,投资者完全可以接受的方案是(　　)。

A. 期望收益相同,标准离差较小的方案

B. 期望收益相同,标准离差率较小的方案

C. 期望收益较小,标准离差率较大的方案

D. 期望收益较大,标准离差率较小的方案

7. P是证券A和证券B组成的投资组合,(　　)将决定P的风险。

A. 证券A和B的风险

B. 证券A和B之间的相关系数

C. 证券A和B的收益

D. 投资于证券A和证券B的投资比例

8. 关于资本资产定价模型的下列说法正确的是(　　)。

A. 如果市场风险溢价提高,则所有的资产的风险收益率都会提高,并且提高的数量相同

B. 如果无风险收益率提高,则所有的资产的必要收益率都会提高,并且提高的数量相同

C. 对风险的平均容忍程度越低,市场风险溢价越大

D. 如果$\beta=1$,则该资产的必要收益率=市场平均收益率

9. 按照资本资产定价模型,影响证券投资组合必要收益率的因素包括(　　)。

A. 无风险收益率　　B. 市场收益率

C. 投资组合中各证券的β系数　　D. 各种证券在证券组合中的比重

10. 下列对风险收益的理解正确的有(　　)。

A. 风险反感导致投资者要求风险收益

B. 风险收益是超过资金时间价值的额外收益

C. 投资者要求的风险收益与风险程度成正比

D. 风险收益率有可能等于期望的投资收益率

四、判断题

1. 等量资金在不同时点上的价值不相等，根本的原因是通货膨胀的存在。（　）

2. 国库券是一种几乎没有风险的有价证券，其利率可以代表资金时间价值。（　）

3. 年金是指每隔一年、金额相等的一系列现金流入或流出量。（　）

4. 在终值和计息期一定的情况下，折现率越低，则复利现值越高。（　）

5. 风险报酬就是投资者因冒风险进行投资而实际获得的超过资金时间价值的那部分额外报酬。（　）

6. 如果资金时间价值为10%，通货膨胀率为4%，某企业的风险收益率为6%，则该企业的无风险收益率为10%。（　）

7. 构成投资组合的证券A和证券B，其标准差分别为12%和8%。在等比例投资的情况下，如果两种证券的相关系数为1，该组合的标准差为10%；如果两种证券的相关系数为-1，则该组合的标准差为2%。（　）

8. 当代证券投资组合理论认为，不同股票的投资组合可以降低风险，股票的种类越多，风险越小。包括全部股票投资组合的风险为零。（　）

9. 不论投资组合中两项资产之间的相关系数如何，只要投资比例不变，各项资产的期望收益率不变，该投资组合收益率的标准差就不变。（　）

10. 有效地进行证券的组合投资几乎可以完全消除证券投资的全部风险。（　）

11. 只要证券之间的收益变动不具有完全负相关关系，证券组合的风险就一定小于单个证券风险的加权平均值。（　）

12. 套利定价理论认为，资产的预期收益率并不是只受单一风险的影响，而是受若干个相互独立的风险因素的影响，是一个多因素的模型，但同一个风险因素所要求的风险收益率对于所有不同的资产来说都是相同的。（　）

五、简答题

1. 资金时间价值观念对于财务管理而言有何意义？

2. 什么是复利现值和年金现值？它们有何区别？

3. 什么是递延年金和永续年金？请列举出财务领域有关这两类年金的实例。

4. 单项资产投资与组合资产投资的收益、风险有什么不同？

5. 企业投资于 A、B 两种股票，两种股票收益率的正相关或负相关对于收益风险的防范具有什么样的影响？

6. 资本资产定价模型的意义是什么？它具有哪些局限性？

六、计算分析题

1. 某人拟于明年初借款 42000 元，从明年年末开始，每年年末还本付息额均为 6000 元，连续 10 年还完。假设预期最低借款利率为 8%，问此人是否能按其计划借到款项？

2. 某公司拟租赁一间厂房，期限是 10 年，假设年利率是 10%，出租方提出以下几种付款方案：

（1）立即付全部款项共计 20 万元；

（2）从第 4 年开始每年年初付款 4 万元，至第 10 年年初结束；

（3）第 1 到第 8 年每年年末支付 3 万元，第 9 年年末支付 4 万元，第 10 年年末支付 5 万元。

要求：通过计算，回答该公司选择哪一种付款方案比较合算。

3. 某企业有 A、B 两个投资项目，计划投资额均为 1000 万元，其收益（净现值）的概率分布如下表：

市场状况	概率	A 项目净现值（万元）	B 项目净现值（万元）
好	0.2	200	300
一般	0.6	100	100
差	0.2	50	-50

要求：

（1）分别计算 A、B 两个项目净现值的期望值；

（2）分别计算 A、B 两个项目期望值的标准差；

（3）设风险价值系数为 8%，分别计算 A、B 两个项目的风险收益率；

（4）若当前短期国债的利息率为 3%，分别计算 A、B 两个项目的必要收益率；

（5）判断 A、B 两个投资项目的优劣。

4. 股票甲和股票乙组成股票组合。已知股票市场组合的标准差为 0.1；股票甲的期望报酬率是22%，β系数是1.3，与股票组合的相关系数是0.65；股票乙的期望报酬率是16%，β系数是0.9，标准差是0.15。

要求：

（1）根据资本资产定价模型，计算无风险报酬率和股票组合的报酬率；

（2）计算股票甲的标准差；

（3）计算股票乙与市场的相关系数。

5. 甲公司准备投资100万元购入由A、B、C三种股票构成的投资组合，三种股票占用的资金分别为20万元、30万元和50万元，即它们在证券组合中的比重分别为20%、30%和50%，三种股票的β系数分别为0.8、1.0和1.8。无风险收益率为10%，平均风险股票的市场必要报酬率为16%。

要求：

（1）计算该股票组合的综合β系数；

（2）计算该股票组合的风险报酬率；

（3）计算该股票组合的预期报酬率；

（4）若甲公司目前要求预期报酬率为19%，且对B股票的投资比例不变，如何进行投资组合？

6. 已知：A、B两种证券构成证券投资组合。A证券的预期收益率为10%，方差是0.0144，投资比重为80%；B证券的预期收益率为18%，方差是0.04，投资比重为20%；A证券收益率与B证券收益率的协方差是0.0048。

要求：

（1）计算下列指标：①该证券投资组合的预期收益率；②A证券的标准差；③B证券的标准差；④A证券与B证券的相关系数；⑤该证券投资组合的标准差。

（2）当A证券与B证券的相关系数为0.5时，投资组合的标准差为12.11%，结合（1）的计算结果回答以下问题：①相关系数的大小对投资组合收益率有没有影响？②相关系数的大小对投资组合风险有什么样的影响？

答案及解析

一、名词解释

解释：略

二、单项选择题

1. 答案:B

解析:$P = A \times [(P/A,10\%,8) - (P/A,10\%,4)] = 1000 \times (5.3349 - 3.1699) = 2165$(元)。

2. 答案:A

解析:即付年金终值系数 = 普通年金终值系数表期数加 1 系数减 1 = $(F/A,10\%,11) - 1 = 18.531 - 1 = 17.531$。

3. 答案:A

解析:这是关于复利终值的计算,设本金为 P,则复利终值为 $2P$,期数为 4 年,要求计算年利率。计算过程为:$F = P(1+i)^n$,$2P = P(1+i/2)^8$,$i = 18.10\%$。

4. 答案:B

解析:当计息期短于 1 年时,表明其复利次数超过一次,所以其实际利率大于名义利率。

5. 答案:C

解析:偿债基金系数和年金终值系数互为倒数。偿债基金系数 $= 1/4.641 = 0.215$。

6. 答案:A

解析:每年末等额偿还,相当于一个 10 年期普通年金,其现值为 50000 元。根据普通年金现值公式 $P = A(P/A,12\%,10)$,可计算出 A 等于 $50000/5.6502 = 8849$(元)。

7. 答案:B

解析:本题是递延年金现值计算的问题。本题总的期限为 8 年,由于后 5 年每年初有流量,即在第 4 到第 8 年的每年初也就是第 3 到第 7 年的每年末有流量,与普通年金相比,少了第 1 年末和第 2 年末的两期,所以递延期为 2,因此现值 $= 500 \times (P/A,10\%,5) \times (P/F,10\%,2) = 500 \times 3.791 \times 0.826 = 1565.68$(万元)。

8. 答案:A

解析:在期望值不同的情况下,标准离差率越大,风险越大。

9. 答案:C

解析:本题的测试点是 β 系数的含义。β 系数大于 1,表明该股票的市场风险大于整个市场股票的风险;β 系数小于 1,表明该股票的市场风险小于整个市场股票的风险;若某股票的 β 系数等于 1,表明该股票的市场风险等于整个市场股票的风险。

10. 答案:C

解析:证券投资组合的非系统风险是公司特有风险,它是由影响个别公司的特有事件引起的,能够通过证券投资组合来分散。选项 A、B、D 均属于系统风险。

11. 答案:C

12. 答案:D

解析:标准离差仅适用于期望值相同的情况,在期望值相同的情况下,标准离差越大,风险越大;标准离差率适用于期望值相同或不同的情况,在期望值不同的情况下,标准离差率越大,风险越大。

13. 答案:C

解析:风险的一个衡量标准是标准离差率,标准离差率 = 标准离差/期望值;如果两个投资项目预期收益的标准离差相同,而期望值不同,则这两个项目标准离差率不同,即风险不同;由于预期收益率 = 无风险收益率 + 风险收益率,所以这两个项目的预期收益率不同。

14. 答案:D

解析:证券市场线能够清晰地反映个别资产或投资组合的必要收益率与其所承担的系统风险 β 系数之间的线性关系。

15. 答案:A

解析:协方差 = 相关系数 × 一项资产的标准差 × 另一项资产的标准差 $=0.5\times0.2\times0.4=0.04$。

三、多项选择题

1. 答案:AB

解析:递延年金现值的计算:

①递延年金现值 $=A\times(P/A,i,n-s)\times(P/F,i,s)=A\times[(P/A,i,n)-(P/A,i,s)]$。

②现值的计算(如遇到期初问题一定转化为期末)。该题的年金从第 7 年年初开始,即第 6 年年末开始,所以,递延期为 5 期;另截至第 16 年年初,即第 15 年年末,所以,总期数为 15 期。

2. 答案:BCD

解析:零存整取储蓄存款的整取额相当于年金的终值。

3. 答案:ACD

4. 答案:AB

解析:偿债基金 = 年金终值 × 偿债基金系数 = 年金终值/年金终值系数,所以选项 A 正确;先付年金终值 = 普通年金终值 × (1 + i) = 年金 × 普通年金终值系数 × (1 + i),所以选项 B 正确。选项 C 的计算与普通年金终值系数无关,永续年金不存在终值。

5. 答案:ABCD

解析:根据有关公式及其关系可计算得出,关键在于掌握各个系数的基本计算公式,尤其是$(F/P,i,n)=(1+i)^n$。

6. 答案:ABD

解析:在进行两个投资方案比较时,投资者完全可以接受的方案应该是收益相同、风险较小的方案,或收益较大、风险较小的方案,或风险相同、收益较大的方案。

7. 答案:ABD

解析:根据投资组合方差的计算公式得出答案。

8. 答案:BCD

解析:市场平均收益率 R_m = 无风险收益率 R_f + 市场风险溢价,无风险收益率 R_f 变大,R_m 也会相应变大,也就是说市场风险溢价$(R_m - R_f)$是不变的。

$R = R_f + \beta(R_m - R_f)$,$\beta$ 系数和市场风险溢价$(R_m - R_f)$,都是不变的,所以 R 与 R_f 的提高数量相同,因此所有资产 R 提高的数量相同,都等于无风险收益率增加的数量。

9. 答案:ABCD

解析:按照资本资产定价模型,证券投资组合必要收益率 = 无风险收益率 + 证券投资组合的 β 系数 ×(市场收益率 - 无风险收益率),而投资组合中各证券的 β 系数和各种证券在证券组合中的比重决定了证券投资组合的 β 系数,从而影响证券投资组合必要收益率。

10. 答案:AC

解析:风险收益是超过无风险收益的额外收益,而无风险收益率等于资金时间价值加上通货膨胀补贴率,所以选项 B 错;期望的投资报酬率由无风险报酬率和风险报酬率两部分组成,所以选项 D 也是错误的。

四、判断题

1. 答案:错

解析:等量资金在不同时点上的价值不相等,根本的原因是资金时间价值的存在,即使不存在通货膨胀,由于资金时间价值的存在,也会使资金在不同的时点价值不相等。

2. 答案:错

解析:从量的规定性来看,资金时间价值是没有风险和通货膨胀条件下的社会平均资金利润率。国库券是一种几乎没有风险的有价证券,在没有通货膨胀的前提下,其利率可以代表资金时间价值。

3. 答案:错

解析:年金是指等额、定期的系列收支,只要间隔期相等,不一定间隔是一年。

4. 答案:对

解析:因为复利现值 $P=F(1+i)^{-n}$,现值与期限、利率都是反方向变动的。

5. 答案:错

解析:风险报酬就是投资者因冒风险进行投资而实际获得的超过无风险报酬率(包括资金时间价值和通货膨胀附加率)的报酬,而不是超过资金时间价值的那部分额外报酬。

6. 答案:错

解析:无风险收益率 = 资金时间价值率 + 通货膨胀率 = 14%。

7. 答案:对

8. 答案:错

解析:通过分散投资,只能抵消非系统性风险而不能抵消系统性风险,所以包括全部股票投资的组合风险是系统风险而不是为零。

9. 答案:错

解析:不论投资组合中两项资产之间的相关系数如何,只要投资比例不变,各项资产的期望收益率不变,则该投资组合的期望收益率就不变,但在不同相关系数条件下,投资组合收益率的标准离差却会发生变化。

10. 答案:错

解析:组合投资只能达到分散非系统性风险的目的,而系统性风险是不能通过风险的分散来消除的。

11. 答案:错

解析:只有证券之间的收益变动不具有完全正相关关系时,证券投资才会降低风险。

12. 答案:对

五、简答题

答案及解析:略

六、计算分析题

1. 答案及解析:

法1:根据题意,已知 $P=42000$, $A=6000$, $n=10$,求 i(与预期最低借款利率8%比较),则:

$$(P/A,i,10)=P/A=42000/6000=7=c$$

$$i=7\%+\frac{7-7.0236}{6.7101-7.0236}\times(8\%-7\%)=7.075<8\%$$

可见此人的计划借款利率低于预期最低借款利率,不能按原计划借到款项。

法2:已知 $A=6000$, $i=8\%$, $n=10$,求 P(与拟借款额比较),则:

$$P=6000\times(P/A,8\%,10)=6000\times6.7101=40260.6<42000$$

即此人最多只能借到40260.6元,不能按原计划借到款项。

2. 答案及解析:

第一种方案下公司要付出的现值=20万元。

第二种方案下公司要付出的现值为(有3种计算方式):

(1) $P=40000\times[(P/A,10\%,9)-(P/A,10\%,2)]=16.09$(万元)

(2) $P=40000\times(F/A,10\%,7)\times(P/F,10\%,9)=16.09$(万元)

(3) $P=40000\times(P/A,10\%,7)\times(P/F,10\%,2)=16.09$(万元)

第三种方案下:

$$\begin{aligned}P&=30000\times(A/P,10\%,8)+40000\times(P/F,10\%,9)+50000\times(P/F,10\%,10)\\&=30000\times5.3349+40000\times0.4241+50000\times0.3855\\&=196286\\&=19.63\text{(万元)}\end{aligned}$$

三种方案相比,第二种方案下付出的现值最小,因此应选择第二种方案。

3. 答案及解析:

(1) A项目 $=200\times0.2+100\times0.6+50\times0.2=110$(万元)

B项目 $=300\times0.2+100\times0.6+(-50)\times0.2=110$(万元)

(2) A项目标准差 $=\sqrt{(200-110)^2\times0.2+(100-110)^2\times0.6+(50-110)^2\times0.2}$

$=48.99$

B项目标准差 $=\sqrt{(300-110)^2\times0.2+(100-110)^2\times0.6+(-50-110)^2\times0.2}$

$=111.36$

(3) A项目的标准离差率 $=48.99/110=44.54\%$

B 项目的标准离差率 = 111.36/110 = 101.24%

A 项目的风险收益率 = 8% ×44.54% = 3.56%

B 项目的风险收益率 = 8% ×101.24% = 8.10%

（4） A 项目的必要收益率 = 3% + 3.56% = 6.56%

B 项目的必要收益率 = 3% + 8.10% = 11.10%

（5） 由于 A、B 两个项目投资额相同，期望收益（净现值）亦相同，而 A 项目风险相对较小（其标准离差小于 B 项目），故 A 项目优于 B 项目。

4. 答案及解析：

（1） 22% = 无风险报酬率 + 1.3 ×（股票组合报酬率 − 无风险报酬率）

16% = 无风险报酬率 + 0.9 ×（股票组合报酬率 − 无风险报酬率）

解上述两个方程式，得：

无风险报酬率 = 2.5%

股票组合报酬率 = 17.5%

（2） 甲股票 β = 甲股票与市场组合的协方差/市场组合的方差

1.3 = 甲股票与市场组合的协方差/市场组合的方差

甲股票与市场组合的协方差 = 1.3 × 0.01 = 0.013

相关系数 = 甲股票与市场组合的协方差/（甲股票的标准差 × 市场组合的标准差）

0.65 = 0.013/（甲股票的标准差 × 0.1）

甲股票的标准差 = 0.013/（0.65 × 0.1） = 0.2

（3） 乙股票与市场组合的协方差 = 0.9 × 0.01 = 0.009

乙股票的相关系数 = 0.009/（0.15 × 0.1） = 0.6

5. 答案及解析：本题的重点在第四个问题，需要先根据预期报酬率计算出综合 β 系数，再根据 β 系数计算 A、B、C 的投资组合。

（1） 该股票组合的综合 β 系数 = 0.8 × 20% + 1.0 × 30% + 1.8 × 50% = 1.36

（2） 该股票组合的风险报酬率 = 1.36 ×（16% − 10%） = 8.16%

（3） 该股票组合的预期报酬率 = 10% + 8.16% = 18.16%

（4） 若预期报酬率为 19%，则：

$19\% = 10\% + \beta(16\% - 10\%)$

$\beta = 1.5$

设投资于 A 股票的比例为 X，则：

$0.8X + 1.0 \times 30\% + 1.8 \times (1 - 30\% - X) = 1.5$

$X = 6\%$

即 A 股票投资 6 万元，B 股票投资 30 万元，C 股票投资 64 万元。

6. 答案及解析：

（1）证券投资组合的预期收益率 = 10% × 80% + 18% × 20% = 11.6%

A 证券的标准差 = $\sqrt{0.0144}$ = 12%

B 证券的标准差 = $\sqrt{0.04}$ = 20%

A 证券与 B 证券的相关系数 = $\frac{0.0048}{0.12 \times 0.2}$ = 0.2

证券投资组合的标准差

$= \sqrt{0.12 \times 0.12 \times 80\% \times 80\% + 2 \times 80\% \times 20\% \times 0.0048 + 0.2 \times 0.2 \times 20\% \times 20\%}$

= 11.11%

或

$= \sqrt{0.12 \times 0.12 \times 80\% \times 80\% + 2 \times 80\% \times 20\% \times 0.2 \times 0.2 \times 0.12 + 0.2 \times 0.2 \times 20\% \times 20\%}$

= 11.11%

（2）相关系数的大小对投资组合收益率没有影响；对投资组合的风险有影响，相关系数越大，投资组合的风险越大。

第三章
筹资决策

练习题

一、名词解释

1. 筹资方式
2. 筹资渠道
3. 权益资金
4. 债务资金
5. 直接筹资
6. 间接筹资
7. 周转信贷协定
8. 补偿性余额
9. 商业信用

二、单项选择题

1. 企业筹集的资金,按资金性质的不同,可分为(　　)。
   A. 直接筹资和间接筹资　　B. 内源筹资和外源筹资
   C. 权益资金和债务资金　　D. 短期资金和长期资金
2. 相对于债券筹资方式而言,吸收直接投资方式的优点是(　　)。
   A. 资金成本相对较低
   B. 有利于保障股东对公司的控制权
   C. 能提高企业对外负债的能力
   D. 可利用财务杠杆作用
3. 相对于长期借款而言,股票筹资的优点是(　　)。
   A. 筹资迅速　　B. 成本低

C. 易于企业保守财务秘密　　D. 无到期日，不需要归还

4. 相对于股票筹资而言，长期借款的缺点是(　　)。

A. 筹资速度慢　　B. 筹资成本高

C. 分散经营控制权　　D. 筹资风险大

5. 某企业按年利率10%向银行借款20万元，银行要求维持贷款限额15%的补偿性余额，那么企业实际承担的利率为(　　)。

A. 10%　　B. 12.76%　　C. 11.76%　　D. 9%

6. 一般情况下，下列筹资方式中，企业所承担的财务风险由大到小排列的是(　　)。

A. 融资租赁、发行股票、发行债券

B. 融资租赁、发行债券、发行股票

C. 发行债券、融资租赁、发行股票

D. 发行债券、发行股票、融资租赁

7. 某企业向银行借款100万元，期限1年，年利率为6%。按照贴现法付息，该项贷款的实际利率是(　　)。

A. 6.38%　　B. 6%　　C. 5.66%　　D. 12%

8. 下列各项中，不属于融资租赁租金构成项目的是(　　)。

A. 租赁设备的购置成本　　B. 利息

C. 租赁手续费　　D. 租赁设备维修保养费

9. 某企业拟以"2/20，N/40"的信用条件购进原料一批，则企业放弃现金折扣成本率为(　　)。

A. 2%　　B. 36.73%　　C. 18%　　D. 36%

10. 在不考虑筹款限制的前提下，下列筹资方式中个别资金成本最高的通常是(　　)。

A. 发行普通股　　B. 留存收益筹资

C. 长期借款筹资　　D. 发行公司债券

三、多项选择题

1. 筹资渠道包括(　　)在内。

A. 银行信贷资金　　B. 居民个人资金

C. 融资租赁　　D. 吸收直接投资

2. 企业筹资活动按是否通过金融机构，可以划分为(　　)两类。

A. 直接筹资　　B. 债务资金　　C. 间接筹资　　D. 权益资金

3. 下列各项中,属于吸收直接投资与发行普通股筹资方式所共有特点的是(　　)。

A. 使用限制多

B. 财务风险大

C. 所筹集的资金都是企业的权益资金

D. 筹资成本比较高

4. 下列说法正确的有(　　)。

A. 借款企业希望采用收款法支付利息

B. 银行希望采用加息法收取利息

C. 借款企业希望采用贴现法支付利息

D. 银行希望采用收款法收取利息

5. 公司债券筹资与普通股筹资相比较,(　　)。

A. 债券筹资资金成本相对较高

B. 普通股筹资可以利用财务杠杆作用

C. 债券筹资有利于保障股东对公司的控制权

D. 债券利息允许税前支付,普通股股利则须税后支付

6. 相对权益资金的筹资方式而言,长期借款筹资的缺点主要有(　　)。

A. 筹资风险较大　　B. 筹资成本较高

C. 融资数量有限　　D. 筹资速度较慢

7. 影响债券发行价格的因素有(　　)。

A. 债券面值　　B. 票面利率　　C. 市场利率　　D. 债券期限

8. 商业信用的主要形式包括(　　)。

A. 应付账款　　B. 应付票据　　C. 预收账款　　D. 应收票据

9. 可分离债的特点包括(　　)。

A. 一次发行　　B. 两次融资　　C. 捆绑交易　　D. 分次发行

10. 影响认股权证理论价值的主要因素有(　　)。

A. 换股比率　　B. 普通股市价

C. 执行价格　　D. 剩余有效期间

四、判断题

1. 企业权益资金的筹集相对于债务资金的筹集,其财务风险小,但付出的资金成本相对较高。(　　)

2. 与股票筹资相比,吸收直接投资方式筹资速度相对较慢。(　　)

3. 由于抵押借款有抵押品作抵押,令人放心,因此抵押借款的资金成本通常低于非抵押借款。 ( )

4. 一旦企业与银行签订周转信贷协定,则在协定的有效期内,只要企业的借款总额不超过最高限额,银行必须满足企业任何时候任何用途的借款要求。 ( )

5. 在按加息法支付利息的情况下,借款企业所负担的实际利率大约是名义利率的 2 倍。 ( )

6. 杠杆租赁一般要涉及承租人、出租人和贷款人三方当事人,从出租人的角度来看,这种租赁与其他租赁形式并无区别。 ( )

7. 长期资金可以通过商业信用的方式筹集。 ( )

8. 放弃现金折扣的机会成本与折扣率成同方向变化。 ( )

9. 可分离债是一种债券和认股权证的组合产品,债券与其所附送的认股权证捆绑发行和交易。 ( )

五、简答题

1. 企业进行筹资的动机是什么?
2. 企业有哪些主要的筹资渠道?
3. 企业有哪些主要的筹资方式?
4. 企业筹资需遵循什么原则?
5. 权益资金筹资和债务资金筹资各有什么优缺点?
6. 企业股票发行的价格如何确定?
7. 试述借款利息的支付方法。
8. 债券发行的价格如何确定?
9. 我国租赁实务中一般如何确定融资租赁的每期租金?
10. 什么是认股权证?认股权证的理论价值如何确定?

六、计算分析题

1. 某企业取得银行为期一年的周转信贷额 100 万元,借款企业年度内使用了 60 万元,平均使用期只有 6 个月,借款利率为 12%,年承诺费率为 0.5%,要求计算年终借款企业需要支付的利息和承诺费总计是多少。

2. 某公司向银行借入短期借款 10000 元,支付银行贷款利息的方式同银行协商后的结果是:如采用收款法,利率为 14%;如采用贴现法,利率为 12%;如采用补偿性余额,利率降为 10%,银行要求的补偿性余额比例为 20%。请问:如果你是该公司财务经理,你选择哪种支付方式?

3. 某股份有限公司拟发行面值为 100 元、年利率为 12%、期限为 2 年并在每年年末分期付息的债券一批。要求分别测算该债券在下列市场利率下的发行价格:(1) 市场利率为 10%;(2) 市场利率为 12%;(3) 市场利率为 15%。

4. 某公司拟采购一批零件,总价款为 100 万元,供应商规定的付款条件:10 天之内付款付 98 万元;20 天之内付款付 99 万元;30 天之内付款付 100 万元。

(1) 假设银行短期贷款利率为 15%,计算放弃现金折扣的成本(比率),并确定对该公司最有利的付款日期和价格。

(2) 如果目前有一个短期投资的投资收益率是 40%,确定对该公司最有利的付款日期和价格。

5. 某企业采用融资租赁等方式于 2006 年 1 月 1 日融资租入一台设备,设备价款为 500 万元,租期为 8 年,到期后设备归租入企业所有。租赁双方商定采用的折现率为 15%。

要求:

(1) 如果租赁双方约定每年年末等额支付租金,计算每年年末等额支付的租金额;

(2) 如果租赁双方约定每年年初等额支付租金,计算每年年初等额支付的租金额;

(3) 如果租赁企业的资本成本率为 10%,分别计算(1)、(2)两种租金支付的总现值。

答案及解析

一、名词解释

解释:略

二、单项选择题

1. 答案:C

解析:企业筹集的资金,按资金性质的不同可分为权益资金和债务资金。

2. 答案:C

解析:资金成本相对较低、有利于保障股东对公司的控制权、可利用财务杠杆作用是债券筹资方式的优点。

3. 答案:D

解析:筹资迅速、成本低、易于企业保守财务秘密是长期借款筹资方式的优点。

4. 答案:D

解析:借款有还本付息的义务,筹资风险较高。但其所要办理的手续较为简单,筹资迅速。而且,其利息可以税前列支,故筹资成本较低。长期借款不会改变股权结构,分散经营控制权。

5. 答案:C

解析:实际利率 $=\frac{20\times10\%}{20\times(1-15\%)}\times100\%=11.76\%$。

6. 答案:C

解析:发行股票不需要还本付息,故财务风险最小。发行债券在到期日一次偿还本金,有时会造成不能偿付的风险,而融资租赁把这种风险在整个租期内分摊,可适当降低不能偿付的风险,故发行债券与融资租赁相比较,其财务风险较高。

7. 答案:A

解析:实际利率 $=\frac{100\times6\%}{100-100\times6\%}=6.38\%$。

8. 答案:D

解析:融资租赁的租赁期间,设备的维修和保养通常由承租人负责,因此,设备的维修保养费一般不构成出租人所收取的租金的项目。

9. 答案:B

解析:放弃现金折扣成本率 $=\frac{2\%\times360}{(1-2\%)\times(40-20)}=36.73\%$。

10. 答案:A

解析:整体来说,权益资金的资金成本大于负债资金的资金成本。对于权益资金来说,由于普通股筹资方式在计算资金成本时还需要考虑筹资费用,所以其资金成本高于留存收益的资金成本,即发行普通股的资金成本应是最高的。

三、多项选择题

1. 答案:AB

解析:筹资渠道是指客观存在的资金的来源方向与通道,包括银行信贷资金和居民个人资金在内;融资租赁和吸收直接投资则属于筹资方式。

2. 答案:AC

解析:企业筹资活动按是否通过金融机构,可以划分为直接筹资和间接筹资两类。企业筹集的资金，若按资金性质的不同则可分为权益资金和债务资金两类。

3. 答案：CD

解析：吸收直接投资与发行普通股所筹集的资金为权益资金，没有还本付息的风险，但筹资成本比较高。普通股在使用上不受投资者的直接干预，没有使用约束。

4. 答案：AB

解析：加息法和贴现法的付息方法均会导致实际利率高于名义利率，而收款法不会。因此，借款企业希望采用收款法支付利息，而银行希望采用加息法或贴现法收取利息。

5. 答案：CD

解析：公司债券筹资与普通股筹资相比较，公司债券利息可以税前列支，普通股股利必须是税后支付，故公司债券筹资的资金成本相对较低。债券持有者无权参与企业管理决策，因此债券筹资有利于保障股东对公司的控制权。无论发行公司的盈利多少，债券持有人一般只收取固定的利息，即债券筹资可利用财务杠杆作用。

6. 答案：AC

解析：长期借款筹资的缺点主要有筹资风险比较大、使用限制多、融资数量有限等方面，优点则包括筹资迅速、借款弹性较大、成本低、易于企业保守财务秘密等方面。

7. 答案：ABCD

解析：影响债券发行价格的因素有债券面值、票面利率、市场利率、债券期限等，债券发行价格 $=\frac{\text{票面金额}}{(1+\text{市场利率})^n}+\sum_{t=1}^{n}\frac{\text{票面金额}\times\text{票面利率}}{(1+\text{市场利率})^t}$。

8. 答案：ABC

解析：商业信用是指商品交易中以延期付款或预收货款进行购销活动而形成的企业之间的自然借贷关系，主要形式有应付账款、应付票据、预收货款等。

9. 答案：AB

解析：可分离债是一种债券和认股权证的组合产品，可以简单地理解为“买债券送权证”。其特点可以概括为一次发行、两次融资、分离交易。

10. 答案：ABCD

解析：影响认股权证理论价值的主要因素有：(1) 换股比率；(2) 普通股市

价;(3) 执行价格;(4) 剩余有效期间。

四、判断题

1. 答案:对

解析:债务资金到期必须偿还,因而其偿债压力大,财务风险大。债务资金的利息可以税前列支,而权益资金的报酬则必须税后支付;权益投资风险比较大,投资者所期望的投资报酬相应较高,也导致权益资金成本加大。因此,权益资金的成本相对较高。

2. 答案:错

解析:与股票筹资相比,吸收直接投资方式所履行的法律程序相对简单,从而筹资速度相对较快。

3. 答案:错

解析:银行主要向信誉好的客户提供非抵押贷款,而将抵押贷款看成是一种风险投资,故而收取较高的利率;同时银行管理抵押贷款要比管理非抵押贷款困难,为此往往另外收取手续费。因此,抵押借款的成本通常高于非抵押借款。

4. 答案:错

解析:银行不可能满足企业"任何用途"的借款要求。

5. 答案:对

解析:加息法下贷款分期均衡偿还,借款企业实际上只平均使用了贷款本金的半数,却支付全额利息。这样,企业所负担的实际利率便大约是名义利率的2倍。

6. 答案:错

解析:从承租人的角度来看,这种租赁与其他租赁形式并无区别,同样是按合同的规定,在租赁期内获得资产的使用权,按期支付租金。但对出租人却不同,出租人只垫支购买资产所需资金的一部分作为自己的投资,其余部分则以该资产作为担保向贷款人借款。

7. 答案:错

解析:商业信用筹资的期限通常都比较短。

8. 答案:对

解析:放弃现金折扣成本 $=\dfrac{CD}{1-CD}\times\dfrac{360}{N}=\dfrac{CD-1+1}{1-CD}\times\dfrac{360}{N}=\left(\dfrac{1}{1-CD}-1\right)\times\dfrac{360}{N}$。当 CD 增加时,放弃现金折扣成本亦增加,反之则减少。

9. 答案:错

解析：可分离债与其所附送的认股权证捆绑发行，但分离交易。

五、简答题

答案及解析：略

六、计算分析题

1. 答案及解析：

需支付的利息 = 60 × 12% × 6/12 = 3.6（万元）

需支付的承诺费 =（100 − 60）× 0.5% + 60 × 0.5% × 6/12 = 0.35（万元）

总计支付额 = 3.95（万元）

2. 答案及解析：

如采用收款法，实际利率 = 14%；

如采用贴现法，实际利率 = $\dfrac{10000 \times 12\%}{10000 - 10000 \times 12\%} \times 100\% = 13.64\%$；

如采用补偿性余额，实际利率 = $\dfrac{10000 \times 10\%}{10000 - 10000 \times 20\%} \times 100\% = 12.5\%$。

因为采用补偿性余额的实际利率最低，所以应该采用补偿性余额的方式向银行借入短期借款。

3. 答案及解析：

（1）市场利率为 10% 时：

债券发行价格 = 100 ×（P/F，10%，2）+ 100 × 12% ×（P/A，10%，2）
= 100 × 0.8264 + 12 × 1.7355
= 103.47（元）

（2）市场利率为 12% 时：

债券发行价格 = 100 ×（P/F，12%，2）+ 100 × 12% ×（P/A，12%，2）
= 100 × 0.7972 + 12 × 1.6901
= 100（元）

（3）市场利率为 15% 时：

债券发行价格 = 100 ×（P/F，15%，2）+ 100 × 12% ×（P/A，15%，2）
= 100 × 0.7561 + 12 × 1.6257
= 95.12（元）

4. 答案及解析：

（1）放弃第 10 天付款折扣的成本率 = $\dfrac{2\%}{1 - 2\%} \times \dfrac{360}{30 - 10} \times 100\% = 36.7\%$

放弃第 20 天付款折扣的成本率 = $\dfrac{1\%}{1 - 1\%} \times \dfrac{360}{30 - 20} \times 100\% = 36.4\%$

最有利的付款日期为第10天付款，价格为98万元。

（2）因为放弃折扣的成本都小于40%，所以在信用期付款对企业最有利，即第30天付款，价格为100万元。

5. 答案及解析：

（1）每年年末等额支付的租金额 $=500/(P/A,15\%,8)=111.43$（万元）

（2）每年年初等额支付的租金额 $=500/[(P/A,15\%,7)+1]=96.89$（万元）

（3）每年年末等额支付的租金的总现值 $=111.43\times(P/A,10\%,8)=594.47$（万元）

每年年初等额支付的租金的总现值 $=96.89\times[(P/A,10\%,7)+1]$

$=568.59$（万元）

第四章
资本成本与资本结构

练习题

一、名词解释

1. 资本成本
2. 市场价值权数
3. 综合资本成本
4. 边际资本成本
5. 经营杠杆
6. 财务杠杆
7. 资本结构
8. 最佳资本结构
9. 每股收益无差别点法

二、单项选择题

1. 成本按其习性可划分为(　　)。
   A. 约束成本和酌量成本
   B. 固定成本、变动成本和混合成本
   C. 相关成本和无关成本
   D. 付现成本和非付现成本
2. 下列各项中,属于酌量性固定成本的是(　　)。
   A. 折旧费　　B. 长期租赁费　　C. 直接材料费　　D. 广告费
3. A企业负债的市场价值为4000万元,股东权益的市场价值为6000万元。债务的平均利率为15%,β为1.41,所得税税率为34%,市场的平均风险收益率是9.2%,国库券利率为11%。则加权平均资本成本为

( )。

A. 23.97% B. 9.9% C. 18.34% D. 18.67%

4. 某公司的经营杠杆系数为1.8,财务杠杆系数为1.5,则该公司销售额每增长1倍,就会造成每股收益增加( )。

A. 1.2倍 B. 1.5倍 C. 0.3倍 D. 2.7倍

5. 某公司年营业收入为500万元,变动成本为200万元,经营杠杆系数为1.5,财务杠杆系数为2。如果固定成本增加50万元,那么,复合杠杆系数将变为( )。

A. 2.4 B. 3 C. 6 D. 8

6. 某企业的资本总额中,留存收益筹集的资本占20%,已知留存收益筹集的资本在100万元以下时其资本成本为7%,在100万元以上时其资本成本为9%,则该企业留存收益的筹资总额分界点是( )万元。

A. 500 B. 480 C. 550 D. 425

7. 某企业2008年的销售额为5000万元,变动成本为1800万元,固定经营成本为1400万元,利息费用为50万元,没有优先股,预计2009年销售增长率为20%,则2009年的每股收益增长率为( )。

A. 32.5% B. 41.4% C. 39.2% D. 36.6%

8. 关于复合杠杆系数,下列说法正确的是( )。

A. 该系数等于经营杠杆系数和财务杠杆系数之和

B. 该系数等于普通股每股收益变动率与息税前利润变动率之间的比率

C. 该系数反映产销量变动对普通股每股收益的影响

D. 该系数越大,企业风险越小

9. 某企业固定经营成本为20万元,全部资本中公司债券占25%,则该企业( )。

A. 只存在经营杠杆

B. 只存在财务杠杆

C. 存在经营杠杆和财务杠杆

D. 经营杠杆和财务杠杆可以相互抵消

10. 已知某企业目标资本结构中长期债务的比重为20%,债务资本的增加额在0—10000元范围内,其利率维持5%不变;超过10000元时,其利率将上升至7%。则该企业与此相关的筹资总额分界点为( )元。

A. 5000　B. 20000　C. 50000　D. 200000

11. 如果企业的资本来源全部为自有资本,且没有优先股存在,则企业财务杠杆系数(　　)。

A. 等于0　B. 等于1　C. 大于1　D. 小于1

12. 如果企业一定期间内的固定生产成本和固定财务费用均不为零,则由上述因素共同作用而导致的杠杆效应属于(　　)。

A. 经营杠杆效应　B. 财务杠杆效应

C. 复合杠杆效应　D. 风险杠杆效应

13. 下列各项中,运用普通股每股收益无差别点确定最佳资本结构时,需计算的指标是(　　)。

A. 息税前利润　B. 营业利润　C. 净利润　D. 利润总额

14. 下列资本结构调整的方法中,属于增量调整的是(　　)。

A. 债转股　B. 发行新债

C. 提前归还借款　D. 增发新股偿还债务

15. 比较资本成本法是根据(　　)来确定资本结构。

A. 加权平均资本成本的高低

B. 占比重大的个别资本成本的高低

C. 各个别资本成本代数之和的高低

D. 负债资本各个别资本成本代数之和的高低

16. 一般而言,在其他因素不变情况下,固定成本越高,则(　　)。

A. 经营杠杆系数越小,经营风险越大

B. 经营杠杆系数越大,经营风险越小

C. 经营杠杆系数越小,经营风险越小

D. 经营杠杆系数越大,经营风险越大

17. 当财务杠杆系数为1时,下列表述正确的是(　　)。

A. 息税前利润增长率为0　B. 息税前利润为0

C. 利息与优先股股息为0　D. 固定成本为0

三、多项选择题

1. 下列有关资本结构理论的表述正确的有(　　)。

A. 净收益理论认为,负债可以降低企业的资本成本,负债程度越高,企业的价值越大

B. 净营业收益理论认为,公司不存在最优资本结构,公司资本结构与

公司价值无关

C. 代理理论认为,最优资本结构是指股权代理成本和债权代理成本相等时的资本结构

D. 新优序融资理论认为,公司融资偏好内部资本,如果需要外部资本,则偏好债务融资

2. 下列资本结构的调整方法中,属于减量调整的有(　　)。

A. 将可转换债券转换为公司的普通股

B. 进行公司分立

C. 分配现金股利

D. 融资租赁

3. 下列措施中有利于降低企业复合风险的有(　　)。

A. 提高产品市场占有率　　B. 增加广告费用

C. 降低公司资产负债率　　D. 降低单位产品材料成本

4. 下列因素中(　　)会影响企业的资本结构。

A. 所得税税率的高低　　B. 企业的资产结构

C. 企业的信用等级　　D. 企业产销情况

5. 某公司经营杠杆系数为1.4,财务杠杆系数为2.5,则下列说法正确的有(　　)。

A. 如果产销量增减变动1%,则息税前营业利润将增减变动1.4%

B. 如果息税前营业利润增减变动1%,则每股收益将增减变动2.5%

C. 如果产销量增减变动1%,每股收益将增减变动3.5%

D. 如果产销量增减变动1%,每股收益将增减变动4.5%

6. 负债资本在资本结构中产生的影响是(　　)。

A. 降低企业资本成本　　B. 加大企业财务风险

C. 具有财务杠杆作用　　D. 分散股东控制权

7. 下列各项中,可用于确定企业最优资本结构的方法有(　　)。

A. 高低点法

B. 公司价值分析法

C. 比较资本成本法

D. 息税前利润—每股收益分析法

8. 下列项目中,同复合杠杆系数成正比例变动的是(　　)。

A. 每股收益变动率　　B. 产销量变动率

C. 经营杠杆系数　　D. 财务杠杆系数

9. 企业财务风险主要体现在(　　)。

A. 增加了企业产销量大幅度变动的机会

B. 增加了普通股利润大幅度变动的机会

C. 增加了企业资本结构大幅度变动的机会

D. 增加了企业的破产风险

10. 影响企业加权平均资本成本的因素有(　　)。

A. 资本结构　　B. 个别资本成本高低

C. 筹集资本总额　　D. 筹资期限长短

11. 下列各项中,影响财务杠杆系数的因素有(　　)。

A. 产品边际贡献总额　　B. 商业信用

C. 固定成本　　D. 利息费用

四、判断题

1. 在各种资本来源中,凡是须支付固定性资本成本的资本都能产生财务杠杆作用。(　　)

2. 最佳资本结构确定的每股收益无差别点,只考虑了资本结构对每股收益的影响,并假定每股收益最大,股票价格也就最高。(　　)

3. 在确定企业的资本结构时,应考虑资产结构的影响。一般地,拥有大量固定资产的企业主要通过长期负债和发行股票筹集资本,而拥有较多流动资产的企业主要依赖流动负债筹集资本。(　　)

4. 某种筹资方式的筹资总额分界点是指确保该筹资方式个别资本成本不变的筹资总额的限额。(　　)

5. 最优资本结构是使企业筹资能力最强、财务风险最小的资本结构。(　　)

6. 经营杠杆可以用边际贡献除以税前利润来计算,它说明了销售变动引起利润变化的幅度。(　　)

7. 超过筹资总额分界点筹集资本,只要维持现有的资本结构,其资本成本率就不会增加。(　　)

8. 在计算加权平均资本成本时,可以按照债券、股票的市场价格确定其占全部资本的比重。(　　)

9. 财务杠杆系数是由企业资本结构决定的,若没有优先股,则财务杠杆系数越大,财务风险越大。(　　)

10. 企业的资本结构应同资产结构协调一致,比如固定资产比重大的企业应相应保持较高比重的长期资本。 ( )

11. 当企业的经营杠杆系数等于1时,则企业的固定成本为零,此时企业没有经营风险。 ( )

12. 企业最优资本结构是指在一定条件下使企业自有资本成本最低的资本结构。 ( )

13. 经营风险指企业未使用债务时经营的内在风险,它是企业投资决策的结果,表现在资产息税前利润率的变动上。 ( )

14. 资本的边际成本需要采用加权平均法计算,其最理想的权数应为账面价值权数,而不是市场价值权数和目标价值权数。 ( )

15. 净营业收益理论认为,资本结构影响企业价值,企业存在最佳资本结构。 ( )

16. MM理论认为,在没有企业和个人所得税的情况下,企业价值不受有无负债以及负债程度高低的影响。 ( )

五、简答题

1. 简述资本成本的作用。
2. 简述经营杠杆的基本原理。
3. 简述财务杠杆的基本原理。
4. 试比较确定综合资本成本三种权数的优缺点。
5. 简述影响资本成本结构的因素。
6. 简述早期资本结构理论的内容。
7. 简述经典资本结构理论的内容。
8. 简述现代资本结构理论的内容。
9. 简述资本结构优化的策略。
10. 试比较确定最佳资本结构三种方法的适用性。

六、计算分析题

1. 某公司拟筹资4000万元,其中,平价发行票面利率为12%的债券1000万元,偿还期5年,发行费率为3%;平价发行优先股票30万股,100元/股,固定年息率为15%,支付发行费为10万元。适用所得税率为33%。

要求:计算公司的资本成本。

2. 某公司目前拥有资金2000万元,其中,长期借款800万元,年利率10%;普通股1200万元,每股面值1元,发行价格20元,目前价格也为20元。上年每股股利 2 元,预计股利增长率为 5% ,所得税率为 33% 。

该公司计划筹资 100 万元,有两种筹资方案可供选择:(1) 增加长期借款 100 万元,借款利率将为 12% ,同时股票价格将下降为 18 元;(2) 增发普通股 4 万股,普通股每股市价增加到每股 25 元。假设筹资费用可忽略不计。

要求:

(1) 计算该公司筹资前加权平均资金成本;

(2) 采用比较资本成本法确定该公司最佳资本结构。

3. 某公司原有资本 700 万元,其中债券资本 200 万元(每年负担利息 24 万元),普通股资本 500 万元(发行普通股 10 万股,面值 50 元/股)。由于扩大业务,需追加筹资 300 万元,其筹资方式有两种:(1) 全部发行普通股,增发 6 万股,面值 50 元/股;(2) 全部筹借长期债券,债券利率仍为 12% ,利息 36 万元。公司变动成本率为 60% ,固定成本为 180 万元,所得税率为 33% 。

要求:

(1) 计算每股收益无差别点时的销售收入和息税前利润;

(2) 当预计销售收入为 1000 万元,或预计息税前利润为 420 万元时,计算确定应选哪个方案。

4. 某企业的负债与所有者权益共有 100 万元,其中长期借款 15 万元,长期债券 25 万元,普通股 60 万元,在保持现有的资本结构基础上,筹集新的资本。下表为随筹资款的增加而带来的各种成本的变化。

资本种类	新筹资额	资本成本
长期借款	1.2 万元以下	3%
	1.2 万—2.4 万元	5%
	2.4 万元以上	7%
长期债券	5 万元以下	8%
	5 万—10 万元	10%
	10 万元以上	12%
普通股	9 万元以下	12%
	9 万—15 万元	13%
	15 万元以上	14%

要求:计算边际资本成本。

5. 某公司 2008 年销售产品 100 万件,单价 60 元,单位变动成本 40 元。固定成本总额为1000万元。公司负债500万元,年利息率为10%,并须每年支付优先股股利12万元。所得税税率为33%。

要求:

(1) 计算2008年边际贡献;

(2) 计算2008年息税前利润总额;

(3) 计算该公司2009年复合杠杆系数。

6. 某公司目前每年销售额为70万元,变动成本率为60%,固定成本总额为18万元(不包括利息),所得税率为40%。总资本为50万元,其中普通股资本为30万元(普通股3万股,面值10元/股),债务资本为20万元(年均利率10%)。该公司在目前总资本50万元的条件下,每年销售额最多可达72万元。为实现每股盈余增加70%的目标,公司考虑增资扩大经营,拟追加筹资20万元,筹资方式有两种:(1) 全部发行普通股,增发2万股,面值10元/股;(2) 全部筹借长期债务,借款年利率20%。公司增资后,预计销售额可达100万元。

要求:

(1) 计算公司目前的总杠杆系数;

(2) 计算目前每股盈余增加70%时的销售额;

(3) 计算增资后每股盈余无差别点时销售收入;

(4) 决定应选择何种筹资方案;

(5) 增资后实现每股盈余增加70%时应实现的销售额。

7. 某公司销售额为100万元,变动成本率为70%,全部固定成本和费用为20万元,总资产为50万元,资产负债率为40%,负债成本率为8%。假定所得税率为40%。该公司拟改变经营计划,追加投资40万元,每年固定成本增加5万元,可使销售增加20%,并使变动成本率下降至60%。该公司以提高权益净利率,同时降低总杠杆系数作为改进经营计划的标准。

要求:

(1) 当所需资本以追加主权资本取得时,计算权益净利率、经营杠杆系数、财务杠杆系数和总杠杆系数,判断应否改变经营计划;

(2) 当所需资本以10%的利率借入时,计算权益净利率、经营杠杆、财务杠杆和总杠杆系数,并判断应否改变经营计划。

答案及解析

一、名词解释

解释：略

二、单项选择题

1. 答案：B

解析：所谓成本习性是指成本总额与业务量的依存关系。

2. 答案：D

解析：酌量性固定成本是企业根据经营方针由管理当局确定的一定时期的成本。广告费、研究与开发费、职工培训费等都属于这类成本。

3. 答案：C

解析：股东权益资本成本 = 11% + 1.41 × 9.2% = 23.97%，负债的资本成本 = 15% × (1 - 34%) = 9.9%，加权平均资本成本 = 4000/(6000 + 4000) × 9.9% + 6000/(6000 + 4000) × 23.97% = 18.34%。

4. 答案：D

解析：复合杠杆的作用程度，可用复合杠杆系数表示，它是经营杠杆系数和财务杠杆系数的乘积，因为 $DTL = DOL \times DFL = 1.8 \times 1.5 = 2.7$，$\Delta X/X = 1$，则 $\Delta EPS/EPS = 2.7$。

5. 答案：C

解析：经营杠杆系数 $DOL = M/EBIT = (EBIT + a)/EBIT = M/(M - a)$，财务杠杆系数 $DFL = EBIT/(EBIT - I)$，复合杠杆系数 $DTL = DOL \times DFL = M/(EBIT - I)$。因为 $DOL = 1.5 = (500 - 200)/(500 - 200 - a)$，所以 $a = 100$（万元）。又因为 $DFL = 2 = (500 - 200 - a)/[(500 - 200 - a) - I]$，将 $a = 100$ 万元代入，$I = 100$（万元）。当固定成本增加 50 万元时，$DOL = (500 - 200)/(500 - 200 - 150) = 2$，$DFL = (500 - 200 - 150)/[(500 - 200 - 150) - 100] = 3$，故 $DTL = DOL \times DFL = 6$。因此，选项 C 为正确答案。

6. 答案：A

解析：该企业留存收益的筹资总额分界点 = 100/20% = 500（万元）。

7. 答案：D

解析：2009 年经营杠杆系数 = (5000 - 1800)/(5000 - 1800 - 1400) = 1.78，财务杠杆系数 = (5000 - 1800 - 1400)/(5000 - 1800 - 1400 - 50) = 1.03，则复

合杠杆系数 = 经营杠杆系数 × 财务杠杆系数 = 1.78 × 1.03 = 1.83。又由于复合杠杆系数 = 每股收益增长率/销售增长率，所以 2009 年的每股收益增长率 = 复合杠杆系数 × 销售增长率 = 1.83 × 20% = 36.6%。

8. 答案：C

解析：复合杠杆系数是经营杠杆系数和财务杠杆系数的乘积，其计算公式为 $DTL = DOL \times DFL$ = 普通股每股收益变动率/产销量变动率。

9. 答案：C

解析：有固定经营成本，说明存在经营杠杆；有公司债券，说明存在财务杠杆。所以存在经营杠杆和财务杠杆。

10. 答案：C

解析：筹资总额分界点 = 第 i 种筹资方式的成本分界点/目标资本结构中第 i 种筹资方式所占的比例 = 10000/20% = 50000。

11. 答案：B

解析：如果在企业的筹资方式中有固定支出的债务或优先股，就存在财务杠杆的作用。所以，如果企业的资本来源全部为自有资本，且没有优先股存在，则企业财务杠杆系数就等于 1。

12. 答案：C

解析：如果企业一定期间内的固定生产成本和固定财务费用均不为零，则说明该企业既存在经营杠杆效应，又存在财务杠杆效应，两者共同作用而导致的杠杆效应属于复合杠杆效应。

13. 答案：A

解析：每股收益无差别点法就是利用预计的息税前利润与每股收益无差别点的息税前利润的关系进行资本结构决策。

14. 答案：B

解析：选项 A、D 属于存量调整，选项 C 属于减量调整。

15. 答案：A

解析：资本结构是根据企业的加权平均资本成本的高低来确定的。

16. 答案：D

解析：在其他因素不变的情况下，固定成本与经营杠杆系数同方向变动；经营杠杆系数反映经营风险程度，经营杠杆系数越大，经营风险越大。

17. 答案：C

解析：根据财务杠杆系数的简化计算公式可知，在没有负债和优先股筹资的情况下,财务杠杆系数为1。

三、多项选择题

1. 答案:ABCD

解析:(1) 净收益理论认为,负债程度越高,公司综合资本成本越低,公司价值越大;(2) 净营业收益理论认为,资本结构与企业的价值无关;(3) 代理理论认为,最优资本结构是指股权代理成本和债权代理成本相等时的资本结构;(4) 新优序融资理论认为,合理的融资顺序是:先内部资本,后外部资本;筹集外部资本时,先债务资本,后股权资本。

2. 答案:BC

解析:进行公司分立和分配现金股利均导致公司资产总额减少,属于资本结构的减量调整方式;将可转换债券转换为公司的普通股属于资本结构的存量调整方式;融资租赁属于资本结构的增量调整方式。

3. 答案:ACD

解析:由于复合杠杆系数 = 经营杠杆系数 × 财务杠杆系数,所以,凡是引起经营杠杆系数和财务杠杆系数降低的措施均会有利于降低企业复合风险。提高产品市场占有率和降低单位产品材料成本均会引起经营杠杆系数降低;而降低公司资产负债率会引起财务杠杆系数降低。增加广告费用,即增加固定经营成本,会引起经营杠杆系数的提高。

4. 答案:ABCD

解析:影响企业资本结构的因素包括:(1) 企业产销情况;(2) 企业财务状况;(3) 企业的资产结构;(4) 企业控制权;(5) 企业的信用等级;(6) 企业所处行业;(7) 政府的税收政策。

5. 答案:ABC

解析:复合杠杆系数 = 经营杠杆系数 × 财务杠杆系数 = 3.5。根据三个杠杆系数的计算公式可知。

6. 答案:ABC

解析:负债筹资是一把双刃剑,一方面有利于降低企业资本成本,另一方面加大企业财务风险,具有财务杠杆作用。

7. 答案:BCD

解析:比较资本成本法、息税前利润—每股收益分析法、公司价值分析法均可确定最优资本结构。

8. 答案:ACD

解析:由复合杠杆系数的计算公式以及它与经营杠杆系数、财务杠杆系数的关系可知。

9. 答案:BD

解析:财务风险大,意味着普通股每股收益的变动幅度大,意味着企业负债程度大,不能偿还到期债务的风险大,增加了企业的破产风险。只要有负债,即存在财务风险,所以即使负债率(资本结构)不变,也存在财务风险。因此不能说财务风险增加了资本结构大幅度变动的机会,财务风险并不意味着资本结构一定会变动。

10. 答案:ABCD

解析:筹集资本总额、筹资期限长短会影响个别资本成本高低,进而影响加权平均资本成本。

11. 答案:ACD

解析:财务杠杆系数 = 息税前利润/(息税前利润 - 利息),息税前利润 = 产品边际贡献总额 - 固定成本。从以上两式可以看出:产品边际贡献总额、固定成本、利息费用均影响财务杠杆系数。商业信用属于无息负债,不影响财务杠杆系数。

四、判断题

1. 答案:对

解析:在各种资本来源中,负债资本和优先股都有固定的用资费用,即固定的利息或优先股息负担,因而均会产生财务杠杆作用。

2. 答案:对

解析:最佳资本结构确定的每股收益无差别点,只考虑了资本结构对每股收益的影响,并假定每股收益最大,股票价格也就最高。最佳资本结构亦即每股收益最大的资本结构。

3. 答案:对

解析:因为固定资产的变现能力较差,资本主要来源于长期负债和股票筹资;流动资产的变现能力一般较强,可选择流动负债与之相匹配。

4. 答案:对

解析:依据筹资总额分界点的定义。

5. 答案:错

解析:最优资本结构是指在一定条件下使企业加权平均资本成本最低、企业价值最大的资本结构。

6. 答案:错

解析:企业经营风险的大小常常使用经营杠杆来衡量,经营杠杆的大小一般用经营杠杆系数表示,它是息前税前利润变动率与销售变动率之间的比率。其计算公式为 $DOL=(\Delta EPS/EPS)/(\Delta X/X)=$边际贡献/息税前利润。

7. 答案:错

解析:筹资总额分界点,是指在保持某资本成本率的条件下可以筹集到的资本总限度。在筹资总额分界点范围内筹资,只要维持现有的资本结构,原来的资本成本率就不会改变;一旦筹资额超过筹资总额分界点,即使维持现有的资本结构,其资本成本率也会增加。

8. 答案:对

解析:在计算加权平均资本成本时,可以账面价值、市场价值或目标价值为权数。

9. 答案:对

解析:财务杠杆系数是由企业资本结构决定的,如果资本结构中存在负债,则必然存在财务杠杆效应,此时,财务杠杆系数越大,财务风险越大。

10. 答案:对

解析:资产结构影响资本结构,根据两者的对称分析,长期资产比重大的企业应相应保持较高比重的长期资本。

11. 答案:错

解析:当企业的经营杠杆系数等于1时,则企业的固定成本为零,此时企业没有经营杠杆效应,但并不意味着企业没有经营风险。因为经营风险反映息税前利润的变动程度,即使没有固定成本,息税前利润受市场因素的影响,它的变动也是客观存在的。

12. 答案:错

解析:最优资本结构是指在一定条件下使企业加权平均资本成本最低、企业价值最大的资本结构。

13. 答案:对

解析:经营风险是指仅限于经营活动(广义的经营活动还包括企业内部对固定资产投资活动)本身,而不考虑筹资活动,即企业未使用债务时经营的内在风险,它是企业投资决策的结果(即息税前营业利润),表现在资产息税前利润率的变动(或息税前营业利润的变动)上。

14. 答案:错

解析:资本的边际成本需要采用加权平均法计算,其最理想的权数应为目标价值权数,其次是市场价值权数,最后才是账面价值权数。

15. 答案:错

解析:净营业收益理论认为,资本结构不影响企业价值,无论负债程度如何,企业加权平均资本成本不变,企业不存在最佳资本结构。

16. 答案:对

解析:MM 理论认为,在没有企业和个人所得税的情况下,企业价值不受有无负债以及负债程度的影响。但如果考虑企业和个人所得税,则负债程度越高,企业价值越大。

五、简答题

答案及解析:略

六、计算分析题

1. 答案及解析:

$$K = \frac{12\% \times (1-33\%)}{1-3\%} \times \frac{1000}{4000} + \frac{100 \times 15\% \times 30}{100 \times 30 - 10} \times \frac{3000}{4000}$$

$$= 2.07\% + 11.29\%$$

$$= 13.36\%$$

2. 答案及解析:

(1) 目前资本结构为:长期借款 40%,普通股 60%。

借款成本 $= 10\% \times (1-33\%) = 6.7\%$

普通股成本 $= \frac{2 \times (1+5\%)}{20} + 5\% = 15.5\%$

加权平均资金成本 $= 6.7\% \times 40\% + 15.5\% \times 60\% = 11.98\%$

(2) 筹资方案1:

原有借款成本 $= 6.7\%$

新增借款成本 $= 12\% \times (1-33\%) = 8.04\%$

普通股成本 $= \frac{2 \times (1+5\%)}{18} + 5\% = 16.67\%$

增加借款筹资方案的加权平均成本 $= 6.7\% \times \frac{800}{2100} + 16.67\% \times \frac{1200}{2100} + 8.04\% \times \frac{100}{2100} = 12.46\%$

筹资方案2:

原借款成本 $= 6.7\%$

普通股资金成本 $= \frac{2 \times (1+5\%)}{25} + 5\% = 13.4\%$

$$\text{增加普通股筹资方案的加权平均资金成本} = 6.7\% \times \frac{800}{2100} + 13.4\% \times \frac{1200+100}{2100} = 10.85\%$$

由于方案 2 的加权平均资金成本较小，所以该公司应选择普通股筹资，这时其最优资本结构为：长期借款约为 38%，普通股约为 62%。

3. 答案及解析：

(1) $$\frac{(S-0.6S-180-24)(1-33\%)}{10+6} = \frac{(S-0.6S-180-24-36)(1-33\%)}{10}$$

$S = 750$ 万元

当预计销售收入为 1000 万元时，应选择 B 方案。

(2) $$\frac{(EBIT-24)(1-33\%)}{10+6} = \frac{(EBIT-24-36)(1-33\%)}{10}$$

$EBIT = 120$ 万元

当预计息税前利润为 420 万元时，应选择 B 方案。

4. 答案及解析：

(1) 计算分界点：

资本种类	新筹资额	分界点(万元)	总范围
长期借款 0.15	1.2 万元以下	8	0—8
	1.2 万—2.4 万元	16	8—16
	2.4 万元以上		16 以上
长期债券 0.25	5 万元以下	20	0—20
	5 万—10 万元	40	20—40
	10 万元以上		40 以上
普通股 0.6	9 万元以下	15	0—15
	9 万—15 万元	25	15—25
	15 万元以上		25 以上

(2) 计算边际资本成本：

0—8 $K = 15\% \times 3\% + 25\% \times 8\% + 60\% \times 12\% = 9.65\%$

8—15 $K = 15\% \times 5\% + 25\% \times 8\% + 60\% \times 12\% = 9.95\%$

15—16 $K = 15\% \times 5\% + 25\% \times 8\% + 60\% \times 13\% = 10.55\%$

16—20 $K = 15\% \times 7\% + 25\% \times 8\% + 60\% \times 13\% = 10.85\%$

20—25 $K = 15\% \times 7\% + 25\% \times 10\% + 60\% \times 13\% = 11.35\%$

25—40 $K = 15\% \times 7\% + 25\% \times 10\% + 60\% \times 14\% = 11.95\%$

40 以上 $K = 15\% \times 7\% + 25\% \times 12\% + 60\% \times 14\% = 12.45\%$

5. 答案及解析：

（1）边际贡献 $=100\times(60-40)=2000$（万元）

（2）息税前利润总额 $=2000-1000=1000$（万元）

（3）复合杠杆系数 $=\dfrac{2000}{1000-500\times10\%-\dfrac{12}{1-33\%}}=2.15$

6. 答案及解析：

（1）$DTL=\dfrac{70\times(1-60\%)}{70\times(1-60\%)-18-20\times10\%}=3.5$

（2）每股盈余增加70%时的销售额 $=70\times(1+\dfrac{70\%}{3.5})=84$（万元）

（3）设增资后每股盈余无差别点时销售收入为X，则：

$$\frac{[X(1-60\%)-18-2](1-40\%)}{3+2}=\frac{[X(1-60\%)-18-2-4](1-40\%)}{3}$$

$X=75$（万元）

（4）预计$X=100$万元>无差别点75万元，因此，选择筹借长期债务方案。

（5）设增资后实现每股盈余增加70%时，应实现的销售额为X，则：

增资前每股收益$(EPS)=\dfrac{[70\times(1-60\%)-18-2]\times(1-40\%)}{3}=1.6$（元）

$$\frac{[X(1-60\%)-18-2-4](1-40\%)}{3}=1.6\times(1+70\%)$$

$X=94$（万元）

7. 答案及解析：

目前情况：

权益净利率 $=\dfrac{[100\times(1-70\%)-20]\times(1-40\%)}{50\times(1-40\%)}=20\%$

经营杠杆系数 $=\dfrac{100\times(1-70\%)}{100\times(1-70\%)-(20-50\times40\%\times8\%)}=\dfrac{3}{11.6}=2.59$

财务杠杆系数 $=\dfrac{11.6}{11.6-1.6}=1.16$

总杠杆系数 $=2.59\times1.16=3.00$

（1）增加权益资本：

权益净利率 $=\dfrac{[100\times(1+20\%)(1-60\%)-20-5)](1-40\%)}{50\times(1-40\%)+40}=19.71\%$

经营杠杆系数 $=\dfrac{120\times(1-60\%)}{120\times(1-60\%)-(20+5-1.6)}=\dfrac{48}{48-23.4}=1.95$

财务杠杆系数 $=\dfrac{48-23.4}{48-23.4-1.6}=1.07$

总杠杆系数 $=1.95\times1.07=2.09$

因为权益净利率下降，所以不应改变经营计划。

（2）增加债务资本：

$$权益净利率=\frac{[100\times(1+20\%)(1-60\%)-20-5-40\times10\%](1-40\%)}{50\times(1-40\%)}=38\%$$

$$经营杠杆系数=\frac{120\times(1-60\%)}{120\times(1-60\%)-(20+5-1.6)}=\frac{48}{48-23.4}=1.95$$

$$财务杠杆系数=\frac{48-23.4}{48-23.4-1.6-4}=1.29$$

总杠杆系数 $=1.95\times1.29=2.52$

因为权益净利率提高，总杠杆系数下降，所以应改变经营计划，即应采用增加债务资本。

第五章
收益分配

练习题

一、名词解释

1. 股利
2. 股权登记日
3. 股票股利
4. 股票分割
5. 股票回购
6. 要约回购
7. 协议回购

二、单项选择题

1. 以下股利政策中,有利于稳定股票价格,从而树立公司良好的形象,但股利的支付与盈余相脱节的是(　　)。
   A. 剩余股利政策
   B. 固定股利政策
   C. 固定股利支付率政策
   D. 低正常股利加额外股利的政策
2. 有关股份公司发放股票股利的表述,不正确的有(　　)。
   A. 可免付现金,有利于扩大经营
   B. 会使股东所持股票的市场价值总额增加
   C. 可能会使每股市价下跌
   D. 股票变现力强,易流通,股东乐于接受
3. 上市公司按照剩余政策发放股利的好处是(　　)。

A. 有利于公司合理安排资金结构
B. 有利于投资者安排收入与支出
C. 有利于公司稳定股票的市场价格
D. 有利于公司树立良好的形象

4. 在下列股利分配政策中,能保持股利与利润之间一定的比例关系,并体现风险投资与风险收益对等原则的是(　　)。
A. 剩余股利政策　　B. 固定股利政策
C. 固定股利支付率政策　　D. 正常股利加额外股利政策

5. 一般而言,适用固定股利政策的公司是(　　)。
A. 负债率较高的公司
B. 盈利波动较大的公司
C. 盈利稳定或正处于成长期的公司
D. 盈利高且投资机会较多的公司

6. 与现金股利十分相似的是(　　)。
A. 股票股利　B. 股票回购　C. 股票分割　D. 股票出售

7. 企业采用剩余股利政策进行收益分配的主要优点是(　　)。
A. 有利于稳定股价　　B. 获得财务杠杆利益
C. 降低综合资金成本　　D. 增强公众投资信心

8. 下列阐述正确的是(　　)。
A. 剩余股利分配政策一般适用于经营比较稳定或正处于成长期、信誉一般的公司
B. 固定股利分配政策一般适用于公司初创阶段
C. 固定股利支付率政策只能适用于稳定发展的公司或公司财务状况较稳定的阶段
D. 低正常股利加额外股利政策的依据是股利无关理论

9. 按照剩余股利政策,假定某公司目标资金结构为自有资金与借入资金之比为5:3,该公司下一年度计划投资600万元,本年年末实现的净利润为1000万元,则本年可用于股利分配的税后利润最多为(　　)万元。
A. 625　B. 250　C. 375　D. 360

10. 股份有限公司为了调整资金结构,使已发行的可转换债券尽快地实现转换,应采取的策略是(　　)。
A. 不支付股利　　B. 支付较低的股利

C. 支付固定股利　　D. 支付较高的股利

11. 法律对利润分配进行超额累积利润限制的主要原因是(　　)。

A. 避免损害少数股东权益　　B. 避免资本结构失调

C. 避免股东避税　　D. 避免经营者出现短期行为

12. 下列各项中,不属于股票回购方式的是(　　)。

A. 用本公司普通股股票换回优先股

B. 与少数大股东协商购买本公司普通股股票

C. 在市场上直接购买本公司普通股股票

D. 向股东标购本公司普通股股票

13. 在下列各项中,能够增加普通股股票发行在外股数,但不改变公司资本结构的行为是(　　)。

A. 支付现金股利　　B. 增发普通股

C. 股票分割　　D. 股票回购

三、多项选择题

1. 公司出于种种因素考虑制定收益分配政策,这些因素主要有(　　)。

A. 稳定收入　　B. 未来投资机会

C. 筹资成本　　D. 反收购

2. 若上市公司采用了合理的收益分配政策,则可获得的效果有(　　)。

A. 能为企业筹资创造良好条件　　B. 能处理好与投资者的关系

C. 改善企业经营管理　　D. 能增强投资者的信心

3. 上市公司发放股票股利可能导致的结果有(　　)。

A. 公司股东权益内部结构发生变化

B. 公司股东权益总额发生变化

C. 公司每股利润下降

D. 公司股份总额发生变化

4. 下列关于固定股利政策的说法中,正确的有(　　)。

A. 有利于稳定股票的价格

B. 能使股利与公司盈余紧密配合

C. 有利于投资者安排收入与支出

D. 有利于增强投资者对公司的信心

5. 关于收益分配政策,下列说法正确的是(　　)。

A. 剩余股利政策能充分利用筹资成本最低的资金资源,保持理想的资

金结构

B. 固定股利支付率政策缺乏财务弹性

C. 固定股利支付率政策体现了多盈多分、少盈少分、无盈不分的股利分配原则

D. 剩余股利政策有利于股价的稳定和上涨

6. 企业的长期债务合同往往有限制企业现金支付程度的条款,以此来保护债权人的利益。这些条款包括(　　)。

A. 未来的股利只能以过去的留存收益来发放

B. 利润的一部分应以偿债基金的形式留存下来

C. 营运资金低于某一特定金额时不得发放股利

D. 已获利息倍数低于一定水平时不得发放股利

7. 发放股票股利的主要好处是(　　)。

A. 可使股东获得纳税上的好处

B. 可为公司留存现金

C. 可以降低每股价格,吸引更多的投资者

D. 发放股票股利的费用比发放现金股利费用低

8. 股利无关论(MM 理论)认为(　　)。

A. 投资者并不关心股利的分配

B. 股利支付率不影响公司的价值

C. 公司的价值完全由其投资的获利能力所决定

D. 投资者对股利和资本利得无偏好

9. 采用固定或持续增长的股利政策的理由有(　　)。

A. 有利于投资者安排股利收入和支出

B. 使股利与公司盈余紧密配合

C. 使公司具有较大的灵活性

D. 向市场传递公司正常发展的信息

10. 采用低正常股利加额外股利政策的理由有(　　)。

A. 增强投资者的信心　　B. 使公司有较大的灵活性

C. 吸引住依靠股利度日的股东　　D. 保持目标资本结构

11. 下列股利支付方式中,目前在我国公司实务中很少使用,但并非法律所禁止的是(　　)。

A. 现金股利　　B. 财产股利　　C. 负债股利　　D. 股票股利

12．下列关于股票股利对公司的意义的叙述正确的有(　　)。

A．如果发放股票股利后股价不立即发生变化，会使股东得到股票价值相对上升的好处

B．发放股票股利可能会使投资者认为公司将会有较大发展，有利于稳定股价甚至使股价略有上升

C．可以在一定程度上稳定股价

D．降低每股价值，吸引更多的投资者

13．股票分割的主要作用有(　　)。

A．有利于促进股票流通和交易

B．向市场传递“公司正处于发展之中”的信息

C．可能增加股东的现金股利，使股东感到满意

D．有利于增强投资者对公司的信心

四、判断题

1．股票分割会使普通股股数增加，引起每股面值降低，并由此引起每股收益和每股市价下降。它对公司的资本结构和股东权益也会产生影响。(　　)

2．企业筹集的资金按其来源渠通分为权益资金和负债资金，不管是权益资金还是负债资金，在分配报酬时，都是通过利润分配的形式进行的，属于税后分配。(　　)

3．在企业的净利润与现金流量不够稳定时，采用剩余股利政策对企业和股东都是有利的。(　　)

4．采用剩余股利分配政策的优点是有利于保持理想的资金结构，降低企业的综合资金成本。(　　)

5．在除息日之前，股利权从属于股票；从除息日开始，新购入股票的人不能分享本次已宣告发放的股利。(　　)

6．收益分配上的资本保全约束是为了维护投资者的利益。(　　)

7．负债资金较多、资金结构欠佳的企业在选择筹资渠道时，往往将净利润作为筹资的第一选择渠道，以降低筹资的外在成本。(　　)

8．公司每股利润越高，则股东就可以从公司分得越高的股利。(　　)

五、简答题

1．企业股利支付的方式有哪几种？企业应当如何进行选择？

2．股票股利与现金股利对企业财务状况有什么不同的影响？

3．股利支付程序中有哪些重要日期？它们之间存在什么关系？

4. 企业在制定股利政策时应该考虑哪些具体因素？

5. 剩余股利政策的主要优缺点是什么？其适用条件是什么？

6. 什么是低正常股利加额外股利政策？其主要优缺点是什么？适用条件是什么？

7. 股票股利与股票分割有何异同？

8. 对股票回购，我国法律法规有哪些要求？

六、计算题

1. 某公司产品销路稳定，拟投资1000万元引进一生产线以扩大生产能力。该公司将继续保持其现有资金结构，即：权益资金占60%，负债资金占40%。公司将继续执行100万元的固定股利政策，本年末实现的税后净利为500万元。

要求：

（1）计算明年该公司引进生产线必须增加筹集的负债数额；

（2）假设企业增加负债均采用对外发行债券的方式予以筹集，若债券面值为1000元，票面利率为10%，期限为10年，发行时的市场利率为5%，计算企业应发行的债券张数（取整）；

（3）计算本年公司留存收益；

（4）计算明年该公司引进生产线必须从外部筹集权益资金的数额。

2. 某公司成立于2007年1月1日，2007年度实现的净利润为1000万元，分配现金股利550万元，提取盈余公积450万元（所提盈余公积均已指定用途）。2008年实现的净利润为900万元（不考虑计提法定盈余公积的因素）。2009年计划增加投资，所需资金为700万元。假定公司目标资本结构为自有资金占60%，借入资金占40%。

要求：

（1）在保持目标资本结构的前提下，计算2009年投资方案所需的自有资金额和需要从外部借入的资金额；

（2）在保持目标资本结构的前提下，如果公司执行剩余股利政策，计算2008年度应分配的现金股利；

（3）在不考虑目标资本结构的前提下，如果公司执行固定股利政策，计算2008年度应分配的现金股利、可用于2009年投资的留存收益和需要额外筹集的资金额；

（4）在不考虑目标资本结构的前提下，如果公司执行固定股利支付率政策，计算该公司的股利支付率和2008年度应分配的现金股利；

（5）假定公司2009年面临着从外部筹资的困难，只能从内部筹资，不考虑目标资本结构，计算在此情况下2008年度应分配的现金股利。

3. 某股份有限公司发行在外的普通股为40万股，该企业目前的资金结构为最佳资本结构，资本总额为1.2亿元，其中，自有资本为9000万元，负债资本为3000万元。另已知该公司2007年的股利为每股4.6元，税后利润为360万元，2008年的税后利润为500万元。该公司准备在2009年再投资250万元。

要求：

（1）如果该公司采用剩余股利支付政策，则其在2008年的每股股利为多少？

（2）如果该公司采用固定股利支付政策，则其在2008年的每股股利为多少？

（3）如果该公司采用固定股利支付率政策，则其在2008年的每股股利为多少？

4. 某公司年终利润分配前的股东权益项目资料如下：

股本——普通股（每股面值2元，200万股）	400万元
资本公积	160万元
未分配利润	840万元
所有者权益合计	1400万元

公司股票的每股现行市价为35元。

要求：计算回答下述3个互不关联的问题：

（1）计划按每10股送1股的方案发放股票股利，并按发放股票股利后的股数派发每股现金股利0.2元，股票股利的金额按现行市价计算。计算完成这一方案后的股东权益各项目数额。

（2）如若按1股拆为2股的比例进行股票分割，计算股东权益各项目数额、普通股股数。

（3）假设利润分配不改变每股市价与每股净资产的比值，公司按每10股送1股的方案发放股票股利，股票股利按现行市价计算，并按新股数发放现金股利，且希望普通股市价达到每股30元，计算每股现金股利应是多少。

答案及解析

一、名词解释

解释:略

二、单项选择题

1. 答案:B

2. 答案:B

解析:发放股票股利后股东所持股份比例并未改变,每位股东所持股票的市场价值总额仍然保持不变。

3. 答案:A

解析:剩余股利政策不利于投资者安排收入和支出,不利于公司树立良好的形象。

4. 答案:C

解析:采用固定股利支付率政策,要求公司每年按固定比例从净利润中支付股利。由于公司的盈利能力在年度间是经常变动的,因此每年的股利也应随公司收益的变动而变动,保持股利与利润间的一定比例关系,体现风险投资与风险收益的对等。

5. 答案:C

解析:盈利稳定或正处于成长期的公司适用固定股利政策。

6. 答案:B

解析:股票回购使股价上涨所得的资本利得可替代股利收入,类似于给投资者现金股利。

7. 答案:C

解析:采用剩余股利政策首先保证目标资金结构的需要,如有剩余才发放股利,其根本理由在于优化资金结构,使综合资金成本最低。

8. 答案:C

9. 答案:A

解析:因为自有资金与借入资金之比为5:3,则资产负债率 $=3/8$,满足下一年度计划投资600万元中所需自有资金为 $600\times(1-3/8)=375$(万元),按照剩余股利政策,当年可用于股利分配的税后净利最多为 $1000-375=625$(万元)。

10. 答案:D

解析:多发股利,可使股价上涨,使已发行的可转换债券尽快实现转换,从而达到调整资金结构的目的。

11. 答案:C

解析:对于股份公司而言,由于投资者接受股利缴纳的所得税要高于进行股票交易的资本利得所缴纳的税金,因此许多公司可以通过积累利润使股价上涨方式来帮助股东避税。

12. 答案:A

13. 答案:C

解析:支付现金股利不能增加发行在外的普通股股数;增发普通股能增加发行在外的普通股股数,但是也会改变公司资本结构;股票分割会增加发行在外的普通股股数,而且不会改变公司资本结构;股票回购会减少发行在外的普通股股数。

三、多项选择题

1. 答案:BCD

解析:公司出于种种因素考虑制定收益分配政策,这些因素主要有未来投资机会、筹资成本、反收购、举债能力、盈余稳定状况、资产流动状况等。

2. 答案:ABD

解析:如果企业分配政策得当,则能直接增加企业积累能力,在利润一定的条件下,增加留存比例,实质上是增加企业筹资量。另外,分配得当也能增强投资者信心,能与投资者维持较好的关系。

3. 答案:ACD

解析:上市公司发放股票股利,在减少未分配利润项目金额的同时,增加公司股本额,它们之间是此消彼长,股东权益总额不发生变化。

4. 答案:ACD

解析:固定股利政策使公司股利支付与公司盈利相脱节。

5. 答案:ABC

解析:剩余股利政策的缺点是不利于投资者安排收入与支出,也不利于公司树立良好的形象,因而不利于股价的稳定和上涨。

6. 答案:BCD

解析:确定收益分配政策应考虑的因素之一是债务合同限制。企业的债务合同,特别是长期债务合同,往往有限制企业现金支付程度的条款,其中未来的股利只能以签订合同之后的收益来发放。

7. 答案:ABC

解析:因为资本利得所得税比股利所得税低,所以可使股东获得纳税上的好处;免予发放现金股利,可以留存现金;发放股票股利还可以降低每股价格,有利于投资者介入买卖。

8. 答案:ABCD

9. 答案:AD

解析:采用固定或持续增长的股利政策的理由是向市场传递公司正常发展的信息,有利于投资者安排股利收入和支出。

10. 答案:BC

解析:剩余股利政策是要保持目标资本结构;固定或持续增长的股利政策能增强投资者的信心。低正常股利加额外股利政策的理由是使公司有较大的灵活性和吸引住依靠股利度日的股东。

11. 答案:BC

解析:财产股利、负债股利目前在我国公司实务中很少使用,但并非法律所禁止。

12. 答案:CD

解析:选项 A、B 是对股东的意义。

13. 答案:ABCD

四、判断题

1. 答案:错

解析:股票分割对公司的资本结构和股东权益不会产生任何影响,一般只会使发行在外的股票总数增加,每股面值降低,并由此引起每股收益和每股市价下跌。

2. 答案:错

解析:向负债资金支付利息属于税前利润分配。

3. 答案:错

解析:在企业的净利润与现金流量不够稳定时,应采用低正常股利加额外股利政策,这样对企业和股东都是有利的。

4. 答案:对

解析:剩余股利政策的优点就是能充分利用筹资成本最低的资金来源,保持理想的资金结构,使综合资金成本最低。

5. 答案:对

6. 答案:错

解析:收益分配上的资本保全约束是为了维护债权人的利益。

7. 答案:对

解析:一般而言,将税后的收益用于再投资,有利于降低筹资的外在成本,包括再筹资费用和资本的实际支出成本。因此,很多企业在考虑投资分红时,首先将企业的净利润作为筹资的第一选择渠道,特别是在负债较多、资金结构欠佳的时期。

8. 答案:错

解析:股利分配的多少既取决于利润的多少,还取决于股利分配政策。

五、简答题

答案及解析:略

六、计算题

1. 答案及解析:

(1) 增加筹集负债数额 $=1000\times40\%=400$(万元)

(2) 债券发行价格 $=1000\times10\%\times(P/A,5\%,10)+1000\times(P/F,5\%,10)=1386.08$(元)

发行债券的张数 $=\dfrac{4000000}{1386.08}=2886$(张)

(3) 本年公司留存收益 $=500-100=400$(万元)

(4) 明年权益资金需求量 $=1000\times60\%=600$(万元)

明年对外筹集权益资金额 $=600-400=200$(万元)

2. 答案及解析:

(1) 2009 年投资方案所需的自有资金额 $=700\times60\%=420$(万元)

2009 年投资方案所需从外部借入的资金额 $=700\times40\%=280$(万元)

(2) 2008 年度应分配的现金股利

=净利润 - 2009 年投资方案所需的自有资金额

$=900-420$

$=480$(万元)

(3) 2008 年度应分配的现金股利 = 上年分配的现金股利 $=550$(万元)

可用于 2009 年投资的留存收益 $=900-550=350$(万元)

2009 年投资需要额外筹集的资金额 $=700-350=350$(万元)

(4) 该公司的股利支付率 $=\dfrac{550}{1000}\times100\%=55\%$

2008 年度应分配的现金股利 $=900\times55\%=495$(万元)

(5) 因为公司只能从内部筹资,所以 2009 年的投资需要从 2008 年的净利润中留存 700 万元，所以 2008 年度应分配的现金股利 = 900 − 700 = 200（万元）。

3. 答案与解析：

（1）①设定目标资本结构：

$$权益资本占总资本的比率 = \frac{9000}{12000} = 75\%$$

$$债务资本占总资本的比率 = \frac{3000}{12000} = 25\%$$

②目标资本结构下投资所需的股东权益数额 = 250 × 75% = 187.5（万元）

③作为股利发放的税后利润 = 500 − 187.5 = 312.5（万元）

$$2008\text{ 年每股发放的股利} = \frac{312.5}{40} = 7.81（元）$$

（2）2008 年每股发放的股利应该和 2007 年每股发放的股利相等，即 2008 年发放的股利为每股 4.6 元。

（3）$2007\text{ 年每股收益} = \frac{360}{40} = 9（元）$

$$2007\text{ 年每股股利占每股收益的比例} = \frac{4.6}{9} = 51.11\%$$

2008 年用于股利发放的税后利润 = 500 × 51.11% = 255.55（万元）

$$2008\text{ 年每股发放的股利} = \frac{255.55}{40} = 6.39（元）$$

4. 答案及解析：

（1）发放股票股利后的普通股股数 = 200 ×（1 + 10%）= 220（万股）

发放股票股利后的普通股股本 = 2 × 220 = 440（万元）

发放股票股利后的资本公积 = 160 +（35 − 2）× 20 = 820（万元）

现金股利 = 0.2 × 220 = 44（万元）

利润分配后的未分配利润 = 840 − 35 × 20 − 44 = 96（万元）

（2）股票分割后的普通股股数 = 200 × 2 = 400（万股）

股票分割后的普通股股本 = 1 × 400 = 400（万元）

股票分割后的资本公积 = 160（万元）

股票分割后的未分配利润 = 840（万元）

（3）$分配前每股市价与每股净资产的比值 = \frac{35}{1400/200} = 5$

$$每股市价\ 30\ 元时的每股净资产 = \frac{30}{5} = 6（元）$$

每股市价 30 元时的全部净资产 = 6 × 220 = 1320（万元）

$$每股市价\ 30\ 元时的每股现金股利 = \frac{1400 - 1320}{220} = 0.36（元）$$

第六章
项目投资决策

练习题

一、名词解释

1. 投资
2. 现金流量
3. 营业现金流量
4. 静态投资回收期
5. 净现值
6. 内含报酬率
7. 固定资产年平均使用成本

二、单项选择题

1. 投资项目从投资建设开始到最终清理或出售整个过程的时间，称为(　　)。
   A. 项目计算期　B. 生产经营期　C. 建设期　D. 试产期
2. 下列各项中，属于项目投资决策静态评价指标的是(　　)。
   A. 获利指数　B. 净现值
   C. 内含报酬率　D. 会计收益率
3. 某投资项目的建设期为零，第1年流动资产需用额为1000万元，流动负债可用额为400万元，则该年流动资金投资额为(　　)万元。
   A. 400　B. 600　C. 1000　D. 1400
4. 某公司已投资60万元于一项设备研制，但设备仍不能使用。如果决定继续研制，还需投资40万元，则该设备研制成功后能获取的现金净流入量至少应为(　　)。

A. 40 万元　B. 100 万元　C. 50 万元　D. 60 万元

5. 某企业拟进行一项固定资产投资项目,要求的最低投资报酬率为 12%。有四个方案可供选择,其中甲方案的项目计算期为 10 年,净现值为 1000 万元;乙方案的获利指数为 0.85;丙方案的项目计算期为 11 年,年等额净回收额为 150 万元;丁方案的内含报酬率为 10%。最优的投资方案是(　　)。

A. 甲方案　B. 乙方案　C. 丙方案　D. 丁方案

6. 包括建设期的静态投资回收期是(　　)。

A. 净现值为零的年限　B. 累计净现金流量为零的年限

C. 净现金流量为零的年限　D. 累计净现值为零的年限

7. 某投资项目,当折现率为 10% 时,净现值为 50 万元,折现率为 12% 时,净现值为 -4 万元,则该投资项目的内含报酬率是(　　)。

A. 13.15%　B. 12.75%　C. 11.85%　D. 10.25%

8. 在全部投资均于建设起点一次投入,建设期为零,投产后每年净现金流量相等的情况下,为计算内含报酬率所求得的年金现值系数应该等于该项目的(　　)。

A. 资本回收系数　B. 获利指数指标的值

C. 静态投资回收期指标的值　D. 会计收益率指标的值

9. 某投资项目在建设起点一次投入原始投资 400 万元,获利指数为 1.35,则该项目净现值为(　　)万元。

A. 540　B. 140　C. 100　D. 200

10. 假定有 A、B 两个投资方案,它们的投资额和项目计算期均相同,现金流量的总和也相同,但 A 方案的现金流量逐年递增,B 方案的现金流量逐年递减。如果考虑资金时间价值,且两方案均可行,则下列表述正确的是(　)。

A. A 方案与 B 方案等价　B. A 方案优于 B 方案

C. B 方案优于 A 方案　D. 不能确定

11. 当贴现率为 10% 时,某项目的净现值为 500 元,则说明该项目的内含报酬率(　　)。

A. 高于 10%　B. 低于 10%　C. 等于 10%　D. 无法界定

12. 净现值法的优点不包括(　　)。

A. 考虑了资金的时间价值

B. 考虑了项目计算期的全部净现金流量

C. 考虑了投资的风险

D. 可直接反映项目的实际收益率

13. 下列说法不正确的是(　　)。

A. 内含报酬率是能够使未来现金流入量现值等于未来现金流出量现值的贴现率

B. 内含报酬率是方案本身的投资报酬率

C. 内含报酬率是使方案净现值等于零的贴现率

D. 内含报酬率是使方案获利指数等于零的贴现率

14. 固定资产的平均年成本是未来使用年限内现金流出总现值与(　　)的乘积。

A. 年金终值系数　　B. 年金现值系数

C. 资本回收系数　　D. 偿债基金系数

三、多项选择题

1. 下列项目投资决策评价指标中,其数值越大越好的指标有(　　)。

A. 净现值　　B. 静态投资回收期

C. 内含报酬率　　D. 获利指数

2. 终结点的现金流量包括(　　)。

A. 回收垫支的流动资金

B. 固定资产报废或出售的现金流入

C. 原始投资

D. 经营期最后一年的营业现金流量

3. 一个项目原始投资的投入方式将影响(　　)。

A. 原始投资　　B. 静态投资回收期

C. 净现值　　D. 内含报酬率

4. 在单一方案决策过程中,与净现值评价结论可能发生矛盾的评价指标是(　　)。

A. 获利指数　　B. 会计收益率

C. 静态投资回收期　　D. 内含报酬率

5. 下列估算投资项目营业现金流量的方法中,正确的是(　　)。

A. 营业现金流量等于税后净利润加上非付现成本

B. 营业现金流量等于营业收入减去付现成本再减去所得税费用

C. 营业现金流量等于税后收入减去税后付现成本再加上非付现成本抵税

D. 营业现金流量等于营业收入减去营业成本再减去所得税费用

6. 如果其他因素不变,一旦贴现率提高,则下列指标中其数值将会变小的是(　　)。

A. 获利指数　　B. 静态投资回收期

C. 净现值　　D. 内含报酬率

7. 若净现值为负数,则表明该投资项目(　　)。

A. 各年利润小于0,不可行

B. 它的内含报酬率小于0,不可行

C. 它的内含报酬率没有达到要求的投资报酬率,不可行

D. 它的内含报酬率不一定小于0

8. 影响投资项目内含报酬率的因素包括(　　)。

A. 投资项目的有效年限　　B. 投资项目的现金流量

C. 企业要求的最低投资报酬率　　D. 银行贷款利率

9. 某公司拟于2008年初新建一生产车间用于某新产品的开发,则与该投资项目有关的现金流量是(　　)。

A. 需购置新的生产流水线价值150万元,同时垫付20万元流动资金

B. 利用现有的库存材料,该材料目前的市价为10万元

C. 车间建在距离总厂10公里外的于2006年购入的土地上,该块土地若不使用可以以300万元的价格出售

D. 2007年公司曾支付5万元咨询费请专家论证过此事

10. 使用企业当前的资本成本作为项目的贴现率应满足的条件为(　　)。

A. 项目的预期收益与企业当前资产的平均收益相同

B. 项目的风险与企业当前资产的平均风险相同

C. 项目的资本结构与企业当前的资本结构相同

D. 资本市场是完善的

四、判断题

1. 在对同一个独立投资项目进行财务可行性评价时,用净现值、获利指数和内含报酬率指标会得出完全相同的结论,而采用静态投资回收期有可能得出与前述指标相反的结论。　　(　　)

2. 因为营业现金流量等于净利润加非付现成本,因此,固定资产折旧越多,

营业现金流量越大,投资项目的净现值也就越大。 ( )

3. 在不考虑资金时间价值的前提下,投资项目的回收期越短,投资项目的风险就越小。 ( )

4. 如果某一投资项目所有正指标均小于或等于相应的基准指标,反指标大于或等于基准指标,则可以判定该投资项目完全具备财务可行性。 ( )

5. 折旧之所以对投资决策产生影响,是因为折旧是现金流量的来源之一。 ( )

6. 如果把原始投资看成是按预定贴现率借入的,那么在净现值法下,当投资项目的净现值为正数时,说明该投资项目在还本付息后仍有剩余收益。 ( )

7. 投资回收期指标虽然没有考虑资金的时间价值,但考虑了回收期满后的现金流量状况。 ( )

8. 利用内含报酬率指标评价投资项目时,计算出的内含报酬率就是方案本身的投资报酬率,因此,不需要再估计投资项目的资本成本或要求的最低报酬率。 ( )

9. 调整现金流量法克服了风险调整贴现率法夸大远期风险的缺点,可以根据各年不同的风险程度,分别采用不同的肯定当量系数。 ( )

10. 若一个风险投资项目的内含报酬率大于风险报酬率,则该方案可行。 ( )

五、简答题

1. 什么是项目投资?独立项目与互斥项目之间有何区别?

2. 项目投资的现金流入量和现金流出量分别包括哪些内容?

3. 为什么在项目投资决策中使用现金流量而不是会计利润?

4. 确定投资方案相关现金流量时,应遵循的基本原则是什么?在具体估算中应注意哪几个方面的问题?

5. 比较分析净现值、获利指数和内含报酬率的优缺点。

6. 对于独立项目而言,净现值、获利指数和内含报酬率之间有什么关系?

7. 在互斥项目的投资决策中,若根据净现值法得出的结论和根据内含报酬率法得出的结论不符,应当按哪一种方法进行决策?为什么?

8. 如何利用调整现金流量法和风险调整贴现率法处理风险条件下的项目投资决策问题?两者各有何优缺点?

六、计算分析题

1. 已知甲公司拟于 2008 年初购置设备一台,需一次性投资 100 万元。经测算,该设备使用寿命为 5 年。设备投入运营后每年可新增利润 20 万元。假定该设备按直线法折旧,预计的净残值率为 5%,不考虑建设安装期和公司所得税。

要求:

(1) 估算项目计算期内各年净现金流量;

(2) 计算该投资项目的静态投资回收期和会计收益率;

(3) 假设该企业要求的最低投资报酬率为 10%,计算该投资项目的净现值并评价其财务可行性。

2. 某投资项目累计的净现金流量资料如下:

单位:万元

年　份	0	1	2	3	…	6	7	…	15
累计的净现金流量	-200	-400	-400	-300	…	-40	+40	…	+1000

要求:

(1) 计算该项目的静态投资回收期;

(2) 说明该项目的建设期和生产经营期。

3. 某公司拟进行一项固定资产投资,该项目的现金流量表(部分)如下:

现金流量表(部分)　　价值单位:万元

项目＼计算期	建设期		经营期					合计
	0	1	2	3	4	5	6	
净现金流量	-1000	-1000	100	1000	*B*	1000	1000	2900
累计净现金流量	-1000	-2000	-1900	*A*	900	1900	2900	—
贴现净现金流量	-1000	-943.4	89	839.6	1425.8	747.3	705	1863.3

要求:

(1) 计算上表中用英文字母表示的项目的数值;

(2) 计算或确定静态投资回收期、净现值、原始投资现值和获利指数;

(3) 评价该项目的财务可行性。

4. 某公司计划进行某项投资活动,有甲、乙两个投资方案,其资料如下:

(1) 甲方案原始投资 150 万元,其中固定资产投资 100 万元,流动资金投资 50 万元,全部资金于建设起点一次投入,生产经营期 5 年。预计投产后年营业收入 90 万元,年总成本(包括折旧)60 万元,预计残值收入 5 万元。

(2) 乙方案原始投资 200 万元,其中固定资产投资 120 万元,流动资金投资 80 万元。建设期 2 年,生产经营期 5 年,流动资金于建设期结束时投入。预计投产后年营业收入 170 万元,年付现成本 80 万元,固定资产残值收入 8 万元。

已知该公司所得税税率为 25%,要求的最低投资报酬率为 10%,固定资产按直线法折旧,全部流动资金于终结点收回。

要求:

(1) 计算甲、乙方案各年的净现金流量;

(2) 计算甲、乙方案的静态投资回收期;

(3) 计算甲、乙方案的会计收益率;

(4) 计算甲、乙方案的净现值、获利指数和内含报酬率;

(5) 计算甲、乙方案的年等额净回收额,并据此作出投资决策。

5. 某公司拟投产一新产品,需要购置一套专用设备,预计价款为 900000 元,需追加流动资金 145822 元,建设期为零,所需资金全部为自有资金。设备按 5 年计提折旧,采用直线法计提,净残值率为零。该新产品预计销售单价 20 元/件,单位变动成本 12 元/件,每年固定付现成本 500000 元。该公司所得税税率为 25%;投资的最低报酬率为 10%。

要求:

(1) 计算净现值为零时的营业现金流量;

(2) 计算净现值为零时的净利润和利润总额;

(3) 计算净现值为零时的销售量水平。

(计算结果取整数)

6. 甲公司准备投资一个工业项目,假设该企业要求的最低投资报酬率为 10%,现有 A、B、C 三个方案可供选择。

(1) A 方案的有关资料如下(单位:元):

计算期	0	1	2	3	4	5	6	合计
净现金流量	-60000	0	30000	30000	20000	20000	30000	—
贴现的净现金流量	-60000	0	24792	22539	13660	12418	16935	30344

已知 A 方案的投资于建设期起点一次投入,建设期为 1 年,年等额净回收额为 6967 元。

(2) B 方案的项目计算期为 8 年,包括建设期的静态投资回收期为 3.5 年,净现值为 50000 元,年等额净回收额为 9372 元。

(3) C 方案的项目计算期为 12 年,包括建设期的静态投资回收期为 7 年,净现值为 70000 元。

要求:

(1) 计算或列示 A 方案包括建设期的静态投资回收期和净现值指标;

(2) 评价 A、B、C 三个方案的财务可行性;

(3) 计算 C 方案的年等额净回收额,并用年等额净回收额法作出投资决策。

7. 甲公司有 A、B、C、D、E 五个投资项目,有关原始投资额、净现值和获利指数指标见下表:

投资项目相关数据表 单位:万元

项目	原始投资	净现值	获利指数
A	300	120	1.40
B	200	40	1.20
C	200	100	1.50
D	100	22	1.22
E	100	30	1.30

要求:

(1) 如果以上各方案为互斥方案且资本无限量,企业准备投资其中某一方案,该如何选择投资方案?

(2) 如果以上各方案为独立投资方案,在投资总额分别为 200 万元、300 万元、400 万元、450 万元、500 万元、600 万元、700 万元、800 万元和 900 万元时,应如何安排投资?

8. 甲公司拟投资一个新项目,通过调查研究提出以下方案:

(1) 咨询费:为了解该项目的市场潜力,公司支付了前期的咨询费 6 万元。

(2) 厂房:利用现有闲置厂房,原价 3000 万元,已提折旧 1500 万元,目前变现价值为 1000 万元,但该公司规定为了不影响公司其他正常生产,不允许出售。

(3) 设备投资:设备采购价总计 2000 万元,预计可使用 6 年,报废时无残值收入。按税法规定,该类设备折旧年限为 4 年,使用直线法折旧,残值率为 10%;计划在 2008 年 9 月购进,安装建设期 1 年。

(4) 收入和成本预计:预计 2009 年 9 月 1 日开业,预计每年收入 3000 万元,每年付现成本为2000万元(不含设备折旧)。

(5) 营运资金:该项目投资后预计流动资产需用额为200万元,公司流动负债可用数为50万元。

(6) X公司的经营业务与该项目类似。已知X公司的β系数为1.2,资产负债率为50%,公司所得税税率为20%。甲公司税前债务资本成本为6.67%,预计继续增加借款不会有明显变化。公司所得税税率为25%。公司目标资本结构为权益资本占60%,债务资本占40%。当前无风险收益率为5%,市场组合平均收益率为10%。

要求:

(1) 估算该投资项目的现金流量和必要报酬率(必要报酬率计算结果取整);

(2) 计算该投资方案的净现值和获利指数,并依据计算结果分析投资方案的财务可行性。

9. 乙公司拟用新设备取代已使用3年的旧设备。旧设备原价14950元,税法规定该类设备应采用直线法折旧,折旧年限6年,残值为原价的10%,当前估计尚可使用5年,每年付现成本为2150元,预计最终残值为1750元,目前变现价值为8500元;购置新设备需花费13750元,预计可使用6年,每年操作成本为850元,预计最终残值为2500元。该公司预期报酬率为12%,所得税税率为30%。税法规定新设备应采用年数总和法计提折旧,折旧年限6年,残值为原价的10%。

要求:进行是否应该更换新设备的分析决策,并列出计算分析过程。

答案及解析

一、名词解释

解释:略

二、单项选择题

1. 答案:A

解析:投资项目从投资建设开始到最终清理或出售整个过程的时间,称为项目计算期。

2. 答案:D

解析:会计收益率是年平均净利润除以原始投资的商,为项目投资非贴现的分析评价指标,计算获利指数、净现值和内含报酬率需考虑资金时间价值,为贴现的分析评价指标。

3. 答案:B

解析:某年流动资金投资额 = 本年流动资金需用数 - 上年流动资金需用数,本年流动资产需用数 = 该年流动资产需用数 - 该年流动负债可用额。本题中上年流动资金需用数为零,因此,该年的流动资金投资额 = 1000 - 400 = 600 万元。

4. 答案:A

解析:已投入的资金 60 万元是沉没成本,与未来的决策无关。

5. 答案:A

解析:乙方案的获利指数小于 1,不具有财务可行性;丁方案的内含报酬率 10% 小于 12%,也不具有财务可行性;甲方案与丙方案的项目计算期不同且为互斥方案,应采用年等额净回收额进行决策。甲方案的年等额净回收额为 176.98 万元$\left[\frac{1000}{(P/A,12\%,10)}=\frac{1000}{5.6502}\right]$,大于丙方案的年等额净回收额,因此,甲方案最优。

6. 答案:B

解析:静态投资回收期是指投资引起的现金流入累计到与投资额相等所需的时间,即累计净现金流量为零的年限。

7. 答案:C

解析:$\frac{IRR-10\%}{12\%-10\%}=\frac{0-50}{-4-50}$,$IRR=11.85\%$。

8. 答案:C

解析:在全部投资均于建设起点一次投入,建设期为零,投产后每年净现金流量相等的情况下,计算内含报酬率的年金现值系数 $=\frac{\text{原始投资}}{\text{年净现金流量}}$,而$\frac{\text{原始投资}}{\text{年净现金流量}}$即为投资回收期。

9. 答案:B

解析:$\frac{NPV+400}{400}=1.35$,$NPV=400\times(1.35-1)=140$(万元)。

10. 答案:C

解析:由于 A 方案的现金流量递增,而 B 方案的现金流量递减,考虑资金时间价值,B 方案的净现值一定大于 A 方案的净现值,所以,B 方案优于 A 方案。

11. 答案:A

解析:贴现率与净现值呈反方向变化,所以,当贴现率为 10% 时,某项目的净现值为 500 元(大于零),要想使净现值向零趋近(此时的贴现率为内含报酬率),即降低净现值,需进一步提高贴现率,故知该项目的内含报酬率高于 10%。

12. 答案:D

解析:净现值法的缺点在于不能直接反映项目实际收益率水平。

13. 答案:D

解析:内含报酬率是使方案获利指数等于 1 的贴现率。

14. 答案:C

解析:固定资产平均年成本,是未来使用年限内现金流出总现值除以年金现值系数,而资本回收系数是年金现值系数的倒数。

三、多项选择题

1. 答案:ACD

解析:静态投资回收期是一个反指标。在不考虑其他评价指标的前提下,小于或等于基准投资回收期的方案,才具有财务可行性。

2. 答案:ABD

解析:原始投资通常发生在建设期,不会发生在终结点。

3. 答案:CD

解析:投资方式可分为一次投入和分次投入,它既不影响原始投资,也不影响静态投资回收期。

4. 答案:BC

解析:若净现值大于 0,则获利指数一定大于 1,内含报酬率一定大于贴现率,所以利用净现值、获利指数或内含报酬率对同一个项目进行可行性评价时,会得出完全相同的结论。而静态投资回收期或会计收益率的评价结论与净现值的评价结论有可能会发生矛盾。

5. 答案:ABC

解析:会计营业成本既包括付现成本,也包括非付现成本,而财务管理中现金流量是以收付实现制为基础确定的,所扣除的成本中不包括非付现成本。

6. 答案:AC

解析:静态投资回收期是非贴现指标,与贴现率无关;内含报酬率的计算本身也与贴现率无关。

7. 答案:CD

解析:净现值为负数,即表明该投资项目的内含报酬率小于要求的投资报酬率,方案不可行。但并不表明该方案一定为亏损项目或内含报酬率小于 0。

8. 答案:AB

解析:内含报酬率大小不受贴现率高低的影响。

9. 答案:ABC

解析:2007 年支付的 5 万元咨询费为沉没成本,与决策不相关。

10. 答案:BC

解析:当投资项目的风险与企业当前资产的平均风险相同,公司继续采用相同的资本结构为新项目筹资,可以用当前的资本成本作为贴现率。

四、判断题

1. 答案:对

解析:在对同一个投资项目进行财务可行性评价时,净现值、获利指数和内含报酬率指标的评价结论是一致的。

2. 答案:错

解析:折旧越多,抵税作用越大,在其他条件不变的情况下,的确会增加企业的现金流量。但是,折旧是投资额的分摊,折旧大,其前提必然是投资额大,因此,净现值未必会增加。

3. 答案:对

解析:在不考虑资金时间价值的前提下,投资回收期越短,投资风险就越小。

4. 答案:错

解析:当某一投资项目所有正指标均大于或等于相应的基准指标,反指标小于或等于基准指标时,才可以判定该投资项目完全具备财务可行性。

5. 答案:错

解析:折旧之所以对投资决策产生影响,是因为存在所得税,折旧是非付现成本,因此不作为现金流出考虑,但折旧可以起到减少税负的作用,折旧抵税可作为现金流入来考虑。

6. 答案:对

解析:净现值法所依据的原理是:假设预计的现金流入在年末肯定可以实现,把原始投资看成是按预定贴现率借入的。当净现值为正时,偿还本息后还有剩余的收益。净现值的经济意义是投资方案贴现后的净收益。

7. 答案:错

解析:投资回收期指标不仅没有考虑资金的时间价值,而且没有考虑回收期满后的现金流量状况。

8. 答案:错

解析:内含报酬率是投资方案本身的投资报酬率,判断一个投资方案是否可行需要将其内含报酬率与事先设定的贴现率(即投资项目的资本成本或要求的最低报酬率)进行比较才能进行决策。

9. 答案:对

解析:调整现金流量法可以根据各年不同风险程度,分别采用不同的肯定当量系数,对每年的现金流量直接进行调整,将时间和风险因素分开,克服了风险调整贴现率法夸大远期风险的缺点。

10. 答案:错

解析:利用内含报酬率指标对投资项目进行评价时,要将内含报酬率与该项目应该达到的投资报酬率(必要报酬率)比较。投资项目应该达到的投资报酬率为无风险报酬率加风险报酬率。

五、简答题

答案及解析:略

六、计算分析题

1. 答案及解析:

(1) 该项目计算期内各年净现金流量测算:

$NCF_0 = -100$(万元)

$NCF_{1-4} = 20 + \frac{100-5}{5} = 39$(万元)

$NCF_5 = 39 + 5 = 44$(万元)

(2) 静态投资回收期 $= \frac{100}{39} = 2.56$(年)

会计收益率 $= \frac{20}{100} \times 100\% = 20\%$

(3) 净现值 $= 39 \times (P/A, 10\%, 5) + 100 \times 5\% \times (P/F, 10\%, 5) - 100$

$= 39 \times 3.7908 + 5 \times 0.6209 - 100$

$= 50.95$(万元)

因为净现值为 50.95 万元,因此,该投资项目具有财务可行性。

2. 答案及解析:

(1) 包括建设期的投资回收期 $= 6 + \frac{40}{40-(-40)} = 6.5$(年)

不包括建设期的投资回收期 $= 6.5 - 2 = 4.5$(年)

(2) 该项目的建设期为 2 年,生产经营期为 13 年。

3. 答案及解析:

（1） $A = -1900 + 1000 = -900$（万元）

$B = 900 - (-900) = 1800$（万元）

（2） 包括建设期的投资回收期 $= \frac{0-(-900)}{900-(-900)} \times (4-3) + 3 = 3.5$（年）

不包括建设期的投资回收期 $= 3.5 - 1 = 2.5$（年）

净现值 = 1863.3 万元

原始投资现值 $= 1000 + 943.4 = 1943.4$（万元）

获利指数 $= \frac{89 + 839.6 + 1425.8 + 747.3 + 705}{1943.4} = 1.96$

或

$$= \frac{1863.3 + 1943.4}{1943.4} = 1.96$$

（3） 因为该项目的净现值 1863.3 万元 >0，获利指数 1.96 >1，包括建设期的投资回收期 3.5 年 $> \frac{项目计算期}{2}$（3 年），所以该项目基本具有财务可行性。

4. 答案及解析：

（1） 甲方案各年的净现金流量：

年折旧额 $= \frac{100-5}{5} = 19$（万元）

年　份	0	1—4	5
现金流量	-150	$(90-60) \times (1-25\%) + 19 = 41.5$	$41.5 + 50 + 5 = 96.5$

乙方案各年的净现金流量：

年折旧额 $= \frac{120-8}{5} = 22.4$（万元）

年　份	0	1	2	3—6	7
现金流量	-120	0	-80	$170 \times (1-25\%) - 80 \times (1-25\%) + 22.4 \times 25\% = 73.1$	$73.1 + 80 + 8 = 161.1$

（2） 计算甲、乙方案静态投资回收期：

甲方案静态投资回收期 $= \frac{150}{41.5} = 3.61$（年）

乙方案不包括建设期的静态投资回收期 $= \frac{200}{73.1} = 2.74$（年）

乙方案包括建设期的静态投资回收期 $= 2 + 2.74 = 4.74$（年）

（3） 计算甲、乙方案的会计收益率：

甲方案的年利润 $= (90-60) \times (1-25\%) = 22.5$（万元）

乙方案的年利润 = (170 − 80 − 22.4) × (1 − 25%) = 50.7(万元)

甲方案会计收益率 $=\frac{22.5}{150}=15\%$

乙方案会计收益率 $=\frac{\frac{50.7\times5}{7}}{200}=18.11\%$

乙方案经营期会计收益率 $=\frac{50.7}{200}=25.35\%$

(4) 甲方案的净现值 = 41.5 × (P/A,10%,5) + 55 × (P/F,10%,5) − 150
= 41.5 × 3.7908 + 55 × 0.6209 − 150
= 191.47 − 150
= 41.47(万元)

甲方案的获利指数 $=\frac{191.47}{150}=1.28$

$i=18\%$　$NVP=3.8193$　$i=20\%$　$NVP=-3.7856$

甲方案的内含报酬率 $=18\%+\frac{0-3.8193}{-3.7856-3.8193}\times(20\%-18\%)=19.00\%$

乙方案的净现值 = 73.1 × [(P/A,10%,7) − (P/A,10%,2)] + 88 × (P/F,10%,7) − 80 × (P/F,10%,2) − 120
= 73.1 × (4.8684 − 1.7355) + 88 × 0.5132 − 80 × 0.8264 − 120
= 229.01 + 45.16 − 66.11 − 120
= 88.06(万元)

乙方案的获利指数 $=\frac{274.17}{186.11}=1.47$

$i=20\%$　$NVP=0.823$　$i=24\%$　$NVP=-21.9936$

乙方案的内含报酬率 $=20\%+\frac{0-0.823}{-21.9936-0.823}\times(24\%-20\%)=20.14\%$

(5) 甲方案的年等额净回收额 $=\frac{41.47}{3.7908}=10.94$(万元)

乙方案的年等额净回收额 $=\frac{88.06}{4.8684}=18.09$(万元)

因为乙方案的年等额净回收额大于甲方案,应选择乙方案。

5. 答案及解析:

(1) 设预期未来每年营业现金流量为 A,则:

$NPV=A\times(P/A,10\%,5)+145822\times(P/F,10\%,5)-900000-145822=0$

$A=\frac{900000+145822-145822\times0.6209}{3.7908}=252000$(元)

（2）年折旧额 $=\frac{900000}{5}=180000$（元）

净利润 = 营业现金流量 − 非付现成本（折旧）= 252000 − 180000 = 72000（元）

利润总额 $=\frac{72000}{1-25\%}=96000$（元）

（3）销售量 $=\frac{\text{固定成本}+\text{息税前利润}}{\text{单价}-\text{单位变动成本}}=\frac{500000+180000+96000}{20-12}=97000$（件）

6. 答案及解析：

（1）因为 A 方案第三年的累计净现金流量 = 30000 + 30000 + 0 − 60000 = 0，所以该方案包括建设期的静态投资回收期 = 3（年）。

净现值 = 折现的净现金流量之和 = 30344（元）

（2）对于 A 方案，由于净现值大于 0，包括建设期的投资回收期为 3 年，大于 $\frac{5}{2}$ 年，所以该方案基本具备财务可行性；

对于 B 方案，由于净现值大于 0，包括建设期的静态投资回收期为 3.5 年，小于 $\frac{8}{2}$ 年，所以该方案完全具备财务可行性；

对于 C 方案，由于净现值大于 0，包括建设期的静态投资回收期为 7 年，大于 $\frac{12}{2}$ 年，所以该方案基本具备财务可行性。

（3）C 方案的年等额净回收额 $=\frac{70000}{(P/A,10\%,12)}=\frac{70000}{6.8137}=10273.42$（元）

A、B、C 三个方案的年等额回收额分别为 6967 元、9370 元、10273 元，其中 C 方案的年等额回收额最大，所以，应当选择 C 方案。

7. 答案及解析：

（1）在资本无限量情况下，互斥方案的比较决策可运用直接比较法，选择净现值最大的方案，即应选择 A 方案。

（2）在资本限量情况下，应按获利指数的大小顺序，按资本限额安排投资：

单位：万元

项目	原始投资	净现值	获利指数
C	200	100	1.50
A	300	120	1.40
E	100	30	1.30
D	100	22	1.22
B	200	40	1.20

投资总额限定在200万元时，最优投资组合为C项目，净现值为100万元；

投资总额限定在300万元时，最优投资组合为C+E项目，净现值为130万元；

投资总额限定在400万元时，最优投资组合为C+E+D项目，净现值为152万元；

投资总额限定在450万元时，最优投资组合为C+E+D项目，净现值为152万元；

投资总额限定在500万元时，最优投资组合为C+A项目，净现值为220万元；

投资总额限定在600万元时，最优投资组合为C+A+E项目，净现值为250万元；

投资总额限定在700万元时，最优投资组合为C+A+E+D项目，净现值为272万元；

投资总额限定在800万元时，最优投资组合为C+A+E+B项目，净现值为290万元；

投资总额限定在900万元时，属投资总额不受限制，应该按*NPV*大小的顺序进行安排投资，最优投资组合为A+C+B+E+D项目，净现值为312万元。

8. 答案及分析：

（1）新项目前期的咨询费以及不允许出售的旧厂房均属于沉没成本。

固定资产投资 = 2000（万元）

流动资金投资 = 200 − 50 = 150（万元）

$$固定资产年折旧 = \frac{2000 \times (1-10\%)}{4} = 450（万元）$$

$$\begin{aligned}第2年至第5年的营业现金净流量 &= 3000 \times (1-25\%) - 2000 \times (1-25\%) + 450 \times 25\% \\ &= 862.5（万元）\end{aligned}$$

$$\begin{aligned}第6年至第7年的营业现金净流量 &= 3000 \times (1-25\%) - 2000 \times (1-25\%) \\ &= 750（万元）\end{aligned}$$

项目终结点回收额 = 150 + 2000 × 10% × 25% = 200（万元）

年份	0	1	2	3	4	5	6	7
初始现金流量	-2000	-150						
营业现金净流量			862.5	862.5	862.5	862.5	750	750
终结现金流量								200
净现金流量	-2000	-150	862.5	862.5	862.5	862.5	750	950

X 公司$\beta_{资产}=\frac{1.2}{1+(1-20\%)\times 1}=0.6667$

甲公司的$\beta_{权益}=0.6667\times\left[1+(1-25\%)\times\frac{40\%}{60\%}\right]=1$

甲公司的权益资本成本 $=5\%+1\times(10\%-5\%)=10\%$

必要报酬率(加权资本成本)$=6.67\%\times(1-25\%)\times 40\%+10\%\times 60\%=8\%$

(2) 投资方案的净现值 $=-2000-150\times(P/F,8\%,1)+862.5\times(P/A,8\%,4)(P/F,8\%,1)+750\times(P/F,8\%,6)+950\times(P/F,8\%,7)$

$=-2000-150\times 0.9259+862.5\times 3.3121\times 0.9259+750\times 0.6302+950\times 0.5835$

$=-2138.89+3671.98$

$=1533.09$(万元)

获利指数 $=\frac{3671.98}{2138.89}=1.72$

因为该投资项目的净现值大于零,获利指数大于1,因此,方案具备财务可行性。

9. (1) 继续使用旧设备年平均使用成本:

每年付现成本的现值 $=2150\times(1-30\%)\times(P/A,12\%,5)$

$=1505\times 3.6048$

$=5425.22$(元)

每年折旧抵税现值 $=\frac{14950\times(1-10\%)}{6}\times 30\%\times(P/A,12\%,3)$

$=672.75\times 2.4018$

$=1615.81$(元)

残值收益现值 $=[1750+(1495-1750)\times 30\%]\times(P/F,12\%,5)$

$=1673.5\times 0.5674$

$=949.54$(元)

旧设备变现收益 $=8500+[(14950-2242.50\times 3)-8500]\times 30\%=8416.75$(元)

继续使用旧设备现金流出总现值 $=5425.22+8416.75-1615.81-949.54$

$=11276.62$(元)

继续使用旧设备的年平均使用成本 $= \frac{11276.62}{(P/A,12\%,5)} = \frac{11276.62}{3.6048} = 3128.22$（元）

（2）更换新设备年平均使用成本：

每年付现成本的现值 $= 850 \times (1-30\%) \times (P/A,12\%,6)$
$= 595 \times 4.1114$
$= 2446.28$（元）

年份	折旧额	折旧抵税	折旧抵税现值
1	（13750－1375）×（6/21）＝3535.71	1060.71	947.11
2	（13750－1375）×（5/21）＝2946.43	883.93	704.67
3	（13750－1375）×（4/21）＝2357.14	707.14	503.34
4	（13750－1375）×（3/21）＝1767.86	530.36	337.04
5	（13750－1375）×（2/21）＝1178.57	353.57	200.62
6	（13750－1375）×（1/21）＝589.29	176.79	89.56
合计	12375	3712.5	2782.34

残值收益现值 $= [2500 + (13750 \times 10\% - 2500) \times 30\%] \times (P/F,12\%,6)$
$= 2162.5 \times 0.5066$
$= 1095.52$（元）

更换新设备现金流出总现值 $= 13750 + 2446.28 - 2782.34 - 1095.52 = 12318.42$（元）

更新设备的年平均使用成本 $= \frac{123182.42}{(P/A,12\%,6)} = \frac{12318.42}{4.1114} = 2996.16$（元）

因为使用新设备的年平均使用成本低于继续使用旧设备的年平均使用成本，所以应该更换设备。

第七章
金融资产投资决策

练习题

一、名词解释

1. 证券
2. 证券投资
3. 债券价值
4. 债券票面收益率
5. 股票价值
6. 股票投资收益率
7. 基金
8. 金融衍生工具

二、单项选择题

1. 相对于实物资产投资,证券投资的特点包括(　　)。

A. 流动性弱　　B. 投资风险相对较小

C. 交易成本较低　　D. 价格比较稳定

2. 由于外部某些因素变化引起整个金融市场不确定性加强,从而给市场上所有证券都带来经济损失的可能性是(　　)。

A. 非系统性风险　　B. 财务风险

C. 经营风险　　D. 系统性风险

3. 下列因素引起的风险中,投资者可以通过投资组合予以消减的是(　　)。

A. 世界能源状况的变化　　B. 通货膨胀

C. 经济衰退　　D. 企业经营失误

4. 对债券持有人而言,债券发行人不能履行合约规定的义务,无法按期支付利息和偿还本金而产生的风险是(　　)。

A. 流动性风险　　B. 期限风险

C. 违约风险　　D. 购买力风险

5. 某公司购买 A 股票,面值 10 元,市价 25 元,持有期间每股获得现金股利 4 元,一年后售出,售价为 30 元,则其持有期投资收益率为(　　)。

A. 36%　　B. 40%　　C. 16%　　D. 25%

6. 债券投资的特点不包括(　　)。

A. 本金较安全　　B. 收益不稳定

C. 购买力风险较大　　D. 没有经营管理权

7. 证券投资基金按照规模是否可以变动及交易方式,可以分为(　　)。

A. 公司型基金与契约型基金

B. 货币基金、债券基金和股票基金

C. 开放式基金和封闭式基金

D. 积极投资型基金和消极投资型基金

8. 赋予购买者在规定期限内按双方约定的价格购买或出售一定数量某种金融资产的权利是(　　)。

A. 远期交易　　B. 期货　　C. 期权　　D. 互换业务

9. 某公司增发的普通股的市价为 12 元/股,筹资费用率为市价的 6%,本年已发放股利为每股 0.6 元,已知同类股票的预计收益率为 11%,则维持此股价需要的股利年增长率为(　　)。

A. 5%　　B. 5.39%　　C. 5.68%　　D. 10.34%

10. 有一 5 年期国库券,溢价 20% 发行,票面利率为 10%,单利计息,到期一次还本,其到期收益率是(　　)。

A. 4.23%　　B. 5.23%　　C. 4.57%　　D. 4.69%

三、多项选择题

1. 下列各项中,属于证券投资目的的有(　　)。

A. 充分利用闲置资金,增加企业收益

B. 满足未来的财务需求

C. 与筹集长期资金相配合

D. 获得对相关企业的控制权

2. 下列各项中,属于系统性风险的有(　　)。

A. 利率风险　　B. 购买力风险
C. 违约风险　　D. 再投资风险

3. 分期付息、到期还本的债券估价与(　　)有关。
A. 债券面值　B. 票面利率　C. 期数　D. 市场利率

4. 以下关于债券投资利率风险的说法正确的有(　　)。
A. 利率风险是指由于市场利率下降而使投资者遭受损失的风险
B. 市场利率上升,会引起债券市场价格下跌
C. 不同期限的债券持有期限,利息率风险不一样
D. 期限越长,利率风险越大

5. 股票投资的特点包括(　　)。
A. 收益较稳定　　B. 价格波动大
C. 风险较大　　D. 是一种股权性投资

6. 下列各项中,对市盈率分析法下的股票估价有影响的是(　　)。
A. 该股票市盈率　　B. 行业平均市盈率
C. 该股票每股收益　　D. 行业平均每股收益

7. 股票投资收益由(　　)组成。
A. 股利收入　　B. 股票售价
C. 股票买卖差价　　D. 交易费用

8. 基金投资的特点包括(　　)。
A. 基金投资者共同管理
B. 多元化的资产分布,风险相对分散
C. 透明度高
D. 流动性差

9. 相对于股票投资而言,债券投资的优点有(　　)。
A. 本金安全性高　　B. 收益较稳定
C. 购买力风险较小　　D. 拥有经营管理权

10. 与准备长期持有、股利固定增长的股票的价值呈同方向变化的因素有(　　)。
A. 股利增长率　　B. 今年股利
C. 必要报酬率　　D. 发行费用

四、判断题

1. 相对实物资产投资来说,证券投资流动性强,投资风险相对较大,其交易

成本较高。 ( )

2. 企业进行证券投资的目的之一是为了获取投资收益,证券投资的收益是指证券投资所获取的股利或利息收益。 ( )

3. 某一债券面值为 100 元,期限为 5 年,以贴现方式发行,期内不计利息,到期按面值偿还,发行时的市场利率为 8%。若该债券发行价为 70 元,则不值得购买。 ( )

4. 如果某一债券能在较短的时间内按市价大量出售,则说明这种债券的购买力风险较小。 ( )

5. 债券投资的技术分析是对影响债券价格的经济增长、利率水平、通货膨胀、企业财务状况等因素进行分析,从而预测证券市场上债券价格的未来变化趋势。 ( )

6. 某企业拟购买 A 公司股票并准备长期持有,预计该股票每年股利为 1.2 元,企业要求的必要收益率为 15%,则该股票的价值为 8 元。 ( )

7. 证券投资基金通过发行基金单位,集中投资者的资金,由基金托管人管理和运用资金,从事股票、债券等金融工具投资。 ( )

8. 由于金融衍生工具交易具有杠杆效应,其交易本身风险较大,因此大多数的金融衍生工具不能够作为避险工具。 ( )

五、简答题

1. 证券投资的种类主要包括哪几种?企业为什么要进行证券投资?
2. 进行有价证券投资有何风险?各包含什么内容?
3. 简述债券投资的特点。
4. 债券有哪几种常见的估价模型?
5. 简述股票投资的特点。
6. 简述几种常见的股票估价模型。
7. 简述基金投资的优势及其风险。
8. 金融衍生工具有什么功能?进行金融衍生工具投资应注意什么问题?

六、计算分析题

1. A 企业于 2008 年 1 月 5 日以每张 102 元的价格购买 B 企业发行的到期一次还本付息且不计复利的公司债券。该债券的面值为 100 元,期限为 3 年,票面利率为 10%。购买时市场利率为 8%。

要求:

(1) 评价 A 企业购买此债券是否合算;

（2）如果A企业于2009年1月5日将该债券以113元的市价出售，计算该债券的投资收益率。

2. A、B两家公司同时于2006年1月1日发行面值为100元、票面利率为10%的5年期债券。A公司债券规定利随本清，不计复利；B公司债券规定每年12月底付息，到期还本。

要求：

（1）若2008年1月1日市场利率为12%，A公司债券市价为105元，问A债券是否被市场高估？

（2）若2008年1月1日市场利率为12%，B公司债券市价为105元，问该资本市场是否完全有效？

（3）若甲公司2009年1月1日能以122元购入A公司债券，计算到期收益率；

（4）若甲公司2009年1月1日能以102元购入B公司债券，计算到期收益率；

（5）若甲公司2008年4月1日购入B公司债券，必要收益率为12%，则B公司债券价值为多少？

3. 甲公司计划利用一笔长期资金投资购买股票。现有A公司股票和B公司股票可供选择，甲公司只准备投资一家公司股票。已知A公司上年税后利润4500万元，上年现金股利发放率为20%，普通股股数为6000万股。A公司股票现行市价为每股7元，预计以后股利每年以6%的增长率增长。B公司股票现行市价为每股9元，上年每股股利为0.6元，股利分配政策将一贯坚持固定股利政策。甲公司所要求的投资报酬率为8%。

要求：

（1）计算A公司股票上年每股股利；

（2）利用股票估价模型，分别计算A、B公司股票价值，并为甲企业作出股票投资决策；

（3）若甲公司以每股6.5元的价格购买A公司股票10000股，持有一年后以每股7.3元的价格卖出，在持有期间每股获得现金股利0.2元，计算其投资收益率。

4. 某公司2009年欲投资购买股票，现有A、B两家公司股票可供选择，从A、B公司2008年12月31日的有关会计报表及补充资料中获知，2008年度A公司税后净利润8000万元，每股股利0.5元，目前市价为12元，发行在外股数为12000万股,每股面值1元;B公司税后净利润6000万元,每股股利0.40元,目前市价为8元,发行在外股数为10000万股,每股面值1元。预期A公司股票股利在未来3年内恒定,在此以后转为正常增长,年增长率9%;预期B公司股票股利将以6%的增长率持续增长。假定目前无风险收益率为6%,平均风险股票的必要收益率为10%,A公司股票的β系数为1.5,B公司股票的β系数为1。

要求:

(1) 计算A、B公司股票价值,判断是否应该购买;

(2) 若按市价买入B公司股票,计算其预期收益率;

(3) 若购买两种股票各100股,计算该投资组合的必要报酬率。

5. 乙公司拟购买某公司债券作为长期投资(打算持有至到期日),要求的必要收益率为6%。现有三家公司同时发行5年期,面值均为1000元的债券。其中:A公司债券的票面利率为8%,每年付息一次,到期还本,债券发行价格为1041元;B公司债券的票面利率为8%,单利计息,到期一次还本付息,债券发行价格为1050元;C公司债券的票面利率为零,债券发行价格为750元,到期按面值还本。

要求:

(1) 计算乙公司购入A公司债券的价值和收益率;

(2) 计算乙公司购入B公司债券的价值和收益率;

(3) 计算乙公司购入C公司债券的价值;

(4) 根据上述计算结果,评价A、B、C三种公司债券是否具有投资价值,并为乙公司作出购买何种债券的决策。

答案及解析

一、名词解释

解释:略

二、单项选择题

1. 答案:C

解析:相对实物资产来说,证券投资具有流动性强、投资风险相对较大和交易成本低等特点。

2. 答案:D

解析:系统性风险是指由于外部某些因素变化引起整个金融市场不确定性加强,从而给市场上所有证券都带来经济损失的可能性。

3. 答案:D

解析:非系统性风险,又称可分散风险或公司特有风险,是由于某些因素变化对个别证券造成经济损失的可能性。

4. 答案:C

解析:违约风险是指债券的发行人不能履行合约规定的义务,无法按期支付利息和偿还本金而产生的风险。

5. 答案:A

解析:投资收益率 $=\frac{(30-25)+4}{25}\times 100\% = 36\%$ 。

6. 答案:B

解析:债券投资具有本金较安全、收益较稳定、流动性较好、变现能力较强、购买力风险较大和没有经营管理权等特点。

7. 答案:C

解析:证券投资基金按照规模是否可以变动及交易方式可以分为封闭式基金和开放式基金。

8. 答案:C

解析:期权,又称选择权,它赋予其购买者在规定期限内按双方约定的价格购买或出售一定数量某种金融资产的权利。

9. 答案:B

解析:$11\% = \frac{0.6\times(1+g)}{12\times(1-6\%)}+g$,$g=5.39\%$ 。

10. 答案:C

解析:假设面值为 B,到期收益率为 k,则 $B\times(1+20\%) = B\times(1+5\times 10\%)\times(P/F,k,5)$,$(P/F,K,5)=0.8$。查表得:$(P/F,4\%,5)=0.8219$,$(P/F,5\%,5)=0.7835$,$K=4\%+\frac{0.8-0.8219}{0.7835-0.8219}\times(5\%-4\%)=4.57\%$ 。

三、多项选择题

1. 答案:ABCD

解析:证券投资的目的包括:充分利用闲置资金,增加企业收益;与筹集长期资金相配合;满足未来的财务需求;满足季节性经营对现金的需求;获得对相关企业的控制权。

2. 答案:ABD

解析:系统性风险包括利率风险、购买力风险和再投资风险,违约风险属于非系统性风险。

3. 答案:ABCD

解析:债券估价模型的一般计算公式为:债券价值 = 每期利息 × 年金现值系数 + 债券面值 × 复利现值系数。其中,每期利息依据债券面值和票面利率相乘得到,现值系数则由期数和市场利率决定。

4. 答案:BCD

解析:利率风险是指由于市场利率上升而引起的债券价格下跌,从而使投资者遭受损失的风险。一般来说,市场利率上升,会引起债券市场价格下跌;市场利率下降,会引起债券市场价格上升。不同期限的债券持有期限,利息率风险也不一样。一般来说,期限越长,利率风险也越大。

5. 答案:BCD

解析:股票投资具有以下特点:股票投资是一种股权性投资;股票投资风险较大;股票投资收益不稳定;股票价格波动大。

6. 答案:BC

解析:在市盈率分析法下,股票价值等于行业平均市盈率与该股票每股收益的乘积。

7. 答案:AC

解析:股票投资收益是指投资者从购入股票开始到出售股票为止整个持有期间所获得的收益,这种收益由股利收入和股票买卖差价两方面组成。

8. 答案:BC

解析:基金投资的优势包括:专业化的管理;多元化的资产分布,风险相对分散;透明度高;流动性好。

9. 答案:AB

解析:债券投资具有本金较安全、收益较稳定、流动性较好、变现能力较强、购买力风险较大和没有经营管理权等特点。

10. 答案:AB

解析:长期持有、股利固定增长的股票的估价模型为:股票价值 $= \frac{\text{今年股利} \times (1 + \text{增长率})}{\text{必要报酬率} - \text{增长率}}$。

四、判断题

1. 答案:错

解析:相对实物资产投资来说,证券投资具有流动性强、投资风险相对较大和交易成本低等特点。

2. 答案:错

解析:企业进行证券投资的目的之一是为了获取投资收益,证券投资的收益包括投资的资本利得以及定期的利息或股利收益。

3. 答案:对

解析:该债券的价值 $=100\times(P/F,8\%,5)=100\times0.6806=68.06$(元)。因为其发行价格高于价值,所以不值得购买。

4. 答案:错

解析:如果一种债券能在较短的时间内按市价大量出售,则说明这种债券的流动性较强,投资于这种债券所承担的流动性风险较小。

5. 答案:错

解析:技术分析是运用数学和逻辑学的方法,通过对证券市场过去和现在的市场行为进行分析,从而预测证券市场上债券价格的未来变化趋势。

6. 答案:对

解析:该股票的价值 $=\dfrac{1.2}{15\%}=8$(元)。

7. 答案:错

解析:证券投资基金通过发行基金单位,集中投资者的资金,由基金托管人托管,由基金管理人管理和运用资金,从事股票、债券等金融工具投资。

8. 答案:错

解析:大多数的金融衍生工具能够作为避险工具,或者对冲投资组合的风险,或是改变投资组合的风险特性。

五、简答题

答案及解析:略

六、计算分析题

1. 答案及解析:

(1) 债券价值 $=(100+100\times10\%\times3)\times(P/F,8\%,3)=130\times0.7938=103.19$(元)

因为债券价值大于购买价格,所以购买该债券是合算的。

(2) 债券投资收益率 $=\dfrac{113-102}{102}\times100\%=10.78\%$

2. 答案及解析:

（1） A 公司债券的价值 $=100\times(1+5\times10\%)\times(P/F,12\%,3)$

$=150\times0.7118$

$=106.77$（元）

A 债券的价值被市场低估。

（2） B 公司债券的价值 $=100\times10\%\times(P/A,12\%,3)+100\times(P/F,12\%,3)$

$=10\times2.4018+100\times0.7118$

$=95.20$（元）

B 债券的价值与市场价格相差较大，说明资本市场并不完全有效。

（3） 设到期收益率为 K，则：

$122=100\times(1+5\times10\%)\times(P/F,K,2)$

$(P/F,K,2)=0.8133$

到期收益率 $=\dfrac{0.8133-0.8264}{0.7972-0.8264}\times2\%+10\%=10.88\%$

（4） $102=100\times10\%\times(P/A,K,2)+100\times(P/F,K,2)$

$K=10\%$　债券价值 $V=100$

$K=8\%$　债券价值 $V=10\times1.7833+100\times0.8573=103.56$

到期收益率 $=\dfrac{102-103.56}{100-103.56}\times2\%+8\%=8.88\%$

（5） 债券价值 $=\dfrac{10+10\times(P/A,12\%,2)+100\times(P/F,12\%,2)}{(1+12\%)^{\frac{3}{4}}}$

$=106.66\times\left(P/F,12\%,\dfrac{3}{4}\right)$

$=106.66\times0.9197$

$=98.09$（元）

3. 答案及解析：

（1） A 公司股票上年每股股利 $=\dfrac{4500\times20\%}{6000}=0.15$（元/股）

（2） A 公司股票价值 $=\dfrac{0.15\times(1+6\%)}{8\%-6\%}=7.96$（元）

A 公司股票的价值大于市价 7 元，应该购买。

B 公司股票价值 $=\dfrac{0.6}{8\%}=7.5$（元）

B 公司股票价值小于市价 9 元，不应该购买。

（3） A 公司股票的投资收益率 $=\dfrac{0.2+7.3-6.5}{6.5}=15.38\%$

4. 答案及解析：

（1）根据资本资产定价模型，A、B 公司股票的资金成本分别为：

$K(A)=6\%+1.5\times(10\%-6\%)=12\%$

$K(B)=6\%+1\times(10\%-4\%)=10\%$

$$A\text{公司股票的价值}=0.5\times(P/A,12\%,3)+\frac{0.5\times(1+9\%)}{12\%-9\%}\times(P/F,12\%,3)$$
$$=0.5\times2.4018+18.1667\times0.7118$$
$$=14.13(\text{元/股})$$

$$B\text{公司股票的价值}=\frac{0.4\times(1+6\%)}{10\%-6\%}=10.60(\text{元/股})$$

因为 A、B 公司的股票价值均高于其市价，所以应该购买。

（2）$\frac{0.4\times(1+6\%)}{K-6\%}=8$

$K=11.3\%$。

（3）投资组合的 β 系数 $=\frac{100\times12}{100\times12+100\times8}\times1.5+\frac{100\times8}{100\times12+100\times8}\times1=1.3$

该投资组合必要报酬率 $=6\%+1.3\times(10\%-6\%)=11.2\%$

5. 答案及解析：

（1）A 公司债券的价值 $=1000\times(P/F,6\%,5)+1000\times8\%\times(P/A,6\%,5)$
$=1000\times0.7473+80\times4.2124$
$=1084.29$（元）

由发行价格小于债券价值可知，A 公司债券的收益率大于 6%。用 7% 再测试其价值：

债券的价值 $=1000\times8\%\times(P/A,7\%,5)+1000\times(P/F,7\%,5)$
$=1000\times8\%\times4.1002+1000\times0.7130$
$=1041$（元）

计算结果表明，A 公司债券的收益率为 7%。

（2）B 公司债券的价值 $=(1000+1000\times8\%\times5)\times(P/F,6\%,5)$
$=(1000+1000\times8\%\times5)\times0.7473$
$=1046.22$（元）

由发行价格大于债券价值可知乙债券收益率小于 6%。用 5% 再测试其价值：

债券价值 $=(1000+1000\times8\%\times5)\times(P/F,5\%,5)$
$=(1000+1000\times8\%\times5)\times0.7835$
$=1096.90$（元）

$$B\text{公司债券的收益率}=5\%+\frac{1096.90-1050}{1096.90-1046.22}\times(6\%-5\%)=5.93\%$$

（3）C公司债券的价值 $=1000\times(P/F,6\%,5)=1000\times0.7473=747.3$（元）

（4）因为A公司债券收益率高于乙公司的必要收益率，发行价格低于债券价值，所以A公司债券具有投资价值。

因为B公司债券收益率低于乙公司的必要收益率，发行价格高于债券价值，所以B公司债券不具有投资价值。

因为C公司债券的发行价格高于债券价值，所以C公司债券不具备投资价值。

决策结论：乙公司应当选择购买A公司债券。

第八章
营运资本管理

练习题

一、名词解释

1. 现金周转期
2. 信用政策
3. 信用标准
4. 信用条件
5. 收账政策
6. 信用评分法
7. 保险储备

二、单项选择题

1. 下列各项中,不属于信用条件构成要素的是(　　)。

   A. 信用期限　　B. 现金折扣

   C. 现金折扣期　　D. 商业折扣

2. 下列有关现金周转期表述正确的是(　　)。

   A. 现金周转期 = 存货周转期 + 应收账款周转期 + 应付账款周转期

   B. 现金周转期 = 存货周转期 - 应收账款周转期 + 应付账款周转期

   C. 现金周转期 = 存货周转期 + 应收账款周转期 - 应付账款周转期

   D. 现金周转期 = 存货周转期 - 应收账款周转期 - 应付账款周转期

3. 某企业年赊销额 600 万元(一年按 360 天计算),应收账款周转次数为 9 次,变动成本率为 70%,资金成本率为 10%,则应收账款的机会成本为(　　)。

   A. 3.89 万元　　B. 4.67 万元　　C. 2.62 万元　　D. 4.28 万元

4. 存货模式下的最佳现金持有量是应使下列(　　)之和最小的现金持有量。
   A. 机会成本与转换成本
   B. 机会成本与短缺成本
   C. 管理成本与转换成本
   D. 机会成本、转换成本和短缺成本
5. 企业在经营季节性低谷时仍有短期借款,其所采用的营运资金筹资政策属于(　　)。
   A. 中庸型　　B. 保守型
   C. 冒险型　　D. 中庸型或保守型
6. 某公司最低现金控制线为 1000 元,现金余额的最优返回线为 8000 元。如果公司现有现金 20000 元,根据现金持有量随机模型,此时应当投资于有价证券的金额是(　　)。
   A. 18500 元　　B. 12000 元　　C. 6500 元　　D. 0 元
7. 企业为满足预防动机而持有现金,不需考虑的因素有(　　)。
   A. 企业销售水平的高低　　B. 企业临时举债能力的强弱
   C. 企业对待风险态度　　D. 现金流量预测的可靠性
8. 持有过量现金可能导致的不利后果是(　　)。
   A. 财务风险过大　　B. 收益水平下降
   C. 偿债能力下降　　D. 资产流动性下降
9. 下列各项中,属于应收账款机会成本的是(　　)。
   A. 应收账款占用资金的应计利息　　B. 客户资信调查费用
   C. 坏账损失　　D. 收账费用
10. 某公司预计 2008 年应收账款的总计金额为 3000 万元,必要的现金支付为 2100 万元,应收账款收现以外的其他稳定可靠的现金流入总额为 600 万元,则该公司 2008 年的应收账款收现保证率为(　　)。
   A. 70%　　B. 20.75%　　C. 50%　　D. 28.57%
11. 在对存货实行 ABC 分类管理的情况下,ABC 三类存货的品种数量比重大致为(　　)。
   A. 0.7:0.2:0.1　　B. 0.1:0.2:0.7
   C. 0.5:0.3:0.2　　D. 0.2:0.3:0.5
12. 某企业全年需用 A 材料 2400 吨,每次的订货成本为 400 元,每吨材料年储备成本 12 元,则每年最佳订货次数为(　　)。

A. 12 次　　B. 6 次　　C. 3 次　　D. 4 次

13. 在不考虑缺货条件下,实行数量折扣的经济进货批量模式所考虑的成本因素是(　　)。

A. 订购成本和储存成本

B. 订购成本、采购成本和储存成本

C. 采购成本和储存成本

D. 订购成本、储存成本和缺货成本

三、多项选择题

1. 企业持有现金的动机有(　　)。

A. 交易动机　　B. 预防动机

C. 投机动机　　D. 获得现金折扣

2. 影响应收账款机会成本的因素有(　　)。

A. 平均收账天数　　B. 变动成本率

C. 年赊销额　　D. 资金成本

3. 下列各项中,属于存货储存变动成本的有(　　)。

A. 存货占用资金的应计利息　　B. 紧急采购所支付的额外成本

C. 存货的破损变质损失　　D. 存货的保险费用

4. 下列各项中,属于建立存货经济进货批量基本模型假设前提的有(　　)。

A. 企业能够及时补充存货　　B. 允许出现缺货

C. 需求数确定　　D. 所需存货市场充足

5. 存货在企业生产经营过程中所具有的作用主要有(　　)。

A. 适应市场变化要求　　B. 保证正常生产经营活动

C. 降低进货成本　　D. 便于均衡组织生产

6. 信用标准过高可能导致的结果有(　　)。

A. 丧失销售机会　　B. 降低违约风险

C. 扩大市场占有率　　D. 减少坏账费用

7. 现金周转期是指从现金投入生产经营开始到最终转化为现金的时间。下列会使现金周转期缩短的方式有(　　)。

A. 缩短存货周转期　　B. 缩短应收账款周转期

C. 缩短应付账款周转期　　D. 缩短预收账款周转期

8. 在基本模型假设前提下确定经济订货批量，下列表述中正确的有（　）。

A. 随每次进货批量的变动，相关订货成本和相关储存成本呈反方向变动

B. 相关储存成本的高低与每次进货批量成正比

C. 相关订货成本的高低与每次进货批量成反比

D. 年相关储存成本与年相关订货成本相等时的采购批量，即为经济订货批量

9. 在存货陆续供应和使用的过程中，导致经济批量增加的因素有（　）。

A. 存货年需用量增加　　B. 一次变动订货成本增加

C. 每日耗用量增加　　D. 单位存货变动储存成本增加

四、判断题

1. 因为现金的管理成本是相对固定的，所以在确定现金最佳持有量时，可以不考虑它的影响。（　）

2. 企业现金持有量过多会降低企业的收益水平。（　）

3. 在存货模式下，持有现金的机会成本与现金固定性转换成本相等时，此时的现金持有量为最佳现金持有量。（　）

4. 收账费用与坏账损失呈反向变化关系，收账费用发生得越多，坏账损失就越小，因此，企业应不断加大收账费用，以便将坏账损失降到最低。（　）

5. 企业的信用标准严格，给予客户的信用期很短，会使应收账款周转率很高，这将有利于增加企业的利润。（　）

6. 在存货的 ABC 分类管理法下，应当重点管理的是虽然品种数量少但金额较大的存货。（　）

7. 赊销是扩大销售的有力手段之一，企业应尽可能放宽信用条件，增加赊销量。（　）

8. 现金与有价证券的变动性转换成本与证券交易次数无关，属于存货模式下最佳现金持有量确定的无关成本。（　）

9. 根据存货经济订货批量基本模型，经济订货量是能使订货总成本与储存总成本相等时的订货批量。（　）

10. 信用条件是客户获得企业商业信用所应具备的最低条件，通常以预期的坏账损失率表示。（　）

五、简答题

1. 什么是营运资本？它具有哪些特点？
2. 简述流动资产的投资策略和融资策略。
3. 简述现金管理的目的和内容。
4. 简述应收账款的功能和成本。
5. 简述影响信用标准的因素和确定信用标准的一般步骤。
6. 简述应收账款日常管理的主要内容。
7. 简述存货的功能和成本。
8. 简述零存货管理的内涵和实施零存货管理的要求。

六、计算分析题

1. 已知某公司现金收支平衡，预计全年（按 360 天计算）现金需要量为 250000 元，现金与有价证券的转换成本为每次 500 元，有价证券年利率为 10%。

要求：

（1）计算最佳现金持有量；

（2）计算最佳现金持有量下的全年现金持有成本和全年现金转换成本、全年总成本；

（3）计算最佳现金持有量下的全年有价证券交易次数和有价证券交易间隔期。

2. 某公司预计 2008 年度赊销收入为 6000 万元，信用条件为（2/10，1/20，N/60），变动成本率为 65%，资金成本率为 8%，收账费用为 70 万元，坏账损失率为 4%。预计占赊销额 70% 的客户会利用 2% 的现金折扣，占赊销额 10% 的客户会利用 1% 的现金折扣。

要求：

（1）计算 2008 年赊销净额；

（2）计算 2008 年信用成本前收益；

（3）计算 2008 年平均收账期；

（4）计算 2008 年应收账款的机会成本；

（5）计算 2008 年信用成本后收益。

3. 某公司的年赊销收入为 720 万元，平均收账期为 60 天，坏账损失为赊销额的 10%，年收账费用为 5 万元。该公司认为通过增加收账人员等措施，可以使平均收账期降为 50 天，坏账损失降为赊销额的 7%。假设公司的资金成本率为 6%，变动成本率为 50%。

要求：为使上述变更经济上合理，确定新增收账费用的上限。

4. 某商店拟放弃现在经营的 A 商品，改为经营 B 商品，有关的数据资料如下：

（1）A 商品目前的年销售量为 3600 件，进货单价为 60 元，售价为 100 元，单位商品年储存成本为 5 元，一次订货成本为 250 元。

（2）B 商品预计年销售量为 4000 件，进货单价为 500 元，售价为 540 元，单位储存成本为 10 元，一次订货成本为 288 元。

（3）该商店按经济订货量进货，假设需求均匀、销售无季节性变化。

要求：

（1）计算经营 A 商品和 B 商品的经济订货量；

（2）计算分析该商店应否调整经营的品种。

5. 某企业每年需要耗用甲材料 20000 千克，该材料的单位采购成本为 7.5 元，单位储存成本为 1.5 元，平均每次订货成本为 600 元。

要求：

（1）计算经济订货批量；

（2）计算最佳订货次数；

（3）计算最佳订货周期；

（4）计算经济订货批量的相关总成本；

（5）计算经济进货批量平均占用的资金。

6. 某企业 2008 年 A 产品销售收入为 4000 万元，总成本为 3000 万元，其中固定成本为 600 万元。2008 年该企业有两种信用政策可供选用：

甲方案给予客户 60 天信用期限（*N*/60），预计销售收入为 5000 万元，货款将于第 60 天收到，其信用成本为 140 万元；

乙方案的信用政策为（2/10，1/20，*N*/90），预计销售收入为 5400 万元，将有 30% 的货款于第 10 天收到，20% 的货款于第 20 天收到，其余 50% 的货款于第 90 天收到（前两部分货款不会产生坏账，后一部分货款的坏账损失率为该部分货款的 4%），收账费用为 50 万元。

该企业 A 产品销售额的相关范围为 3000 万—6000 万元，企业的资金成本率为 8%。

要求：

（1）计算该企业 2008 年的变动成本率；

（2）计算乙方案的应收账款机会成本、坏账成本和信用成本；

(3) 计算甲、乙两方案信用成本后收益,并依据计算结果作出决策。

7. 某企业全年需从外部购入某零件 1200 件,每批进货费用 400 元,单位零件的年储存成本 6 元,该零件每件进价 10 元。销售企业规定:客户每批购买量不足 600 件,按标准价格计算,每批购买量超过 600 件,价格优惠 3%。

要求:

(1) 计算该企业进货批量为多少才是有利的;

(2) 计算该企业最佳的进货次数和最佳的进货间隔期;

(3) 计算该企业经济进货批量的平均占用资金;

(4) 假设一年为 360 个工作日,企业订货至到货的时间为 30 天,不设保险储备计算再订货点。

8. 某公司的一种新产品原有信用政策(N/30),每天平均销量为 5 个,每个售价为 750 元,平均收账天数为 40 天;公司销售人员提出新政策,以便促销产品,新政策包括改变信用政策为(2/10,N/50),同时以每个 600 元价格销售,预计改变政策后每天能售出 20 个,估计 50% 客户会享受折扣,预计平均收账天数仍为 40 天。若一年按 360 天计算,企业资本成本率为 10%,每个存货的年储存成本为 100 元(其中含存货应计利息),每次订货成本为 144 元,该新产品每个购买价格为 500 元。

要求:

(1) 计算公司该产品原有政策下和改变政策后的经济订货量。

(2) 若单位缺货成本为 5 元,存货从提出到到达正常交货期为 5 天,延迟交货 1 天的概率为 0.2,2 天的概率为 0.1,其他均能提前或按正常交货期送达,计算合理的保险储备和再订货点。

(3) 若按照第(1)第(2)问所确定的经济订货量和再订货点进行采购,综合判断应否改变政策。

9. 上海东方公司是亚洲地区玻璃套装门分销商,套装门在香港生产然后运到上海。管理当局预计年度需求量为 10000 套。套装门购进单价为 395 元(包括运费)。订购和储存这些门的相关资料如下:

(1) 2008 年订单共 22 份,总处理成本 13400 元,其中固定成本 10760 元,预计未来成本习性不变;

(2) 虽然对香港原产地商品进入内地已免关税,但对每一张订单都要经双方海关检查,需费用 280 元;

(3) 从香港运抵上海,需接受有关部门检查,为此雇用一名检验人员,每月

支付工资3000元,每个订单检查需8个小时,发生变动费用每小时2.50元;

(4) 公司租借仓库来储存套装门,估计成本为每年2500元,另外加上每门4元;

(5) 在储存中会出现破损,估计破损成本平均每门28.5元;

(6) 占用资金利息等其他储存成本每门20元;

(7) 从发出订单到货物运到上海需要6个工作日;

(8) 为防供货中断,东方公司设置了100套保险储备;

(9) 东方公司每年工作50周,每周营业6天。

要求:

(1) 计算经济批量模型中的订货成本;

(2) 计算经济批量模型中的储存成本;

(3) 计算经济订货批量;

(4) 计算每年与经济批量相关的存货总成本;

(5) 计算再订货点;

(6) 计算每年与储备存货相关的总成本。

答案及解析

一、名词解释

解释:略

二、单项选择题

1. 答案:D

解析:信用条件是指企业要求客户支付赊销款项的条件,包括信用期限、折扣期限和现金折扣。

2. 答案:C

解析:现金周转期 = 存货周转期 + 应收账款周转期 - 应付账款周转期。

3. 答案:B

解析:应收账款平均周转天数 = 360/9 = 40(天),应收账款的机会成本 = $\frac{600}{360} \times 40 \times 70\% \times 10\% = 4.67$(万元)。

4. 答案:A

解析:在存货模式下,影响现金持有量的成本主要包括机会成本和转换成本。

5. 答案:C

解析:冒险的融资组合策略是临时性流动负债不仅融通季节性流动资产的资金需求,还融通部分永久性流动资产和非流动资产的资金需要。

6. 答案:D

解析:最高现金控制线 $=3\times8000-2\times1000=22000$(元)。由于公司现有现金 20000 元,没有到达现金控制的上限,所以,不需要用现金购买有价证券。

7. 答案:A

解析:预防性现金持有量的多少主要取决于现金流量预测的可靠性、临时举债能力的强弱和企业愿意承担现金短缺风险的程度。

8. 答案:B

解析:现金是一种非盈利性资产,现金结余过多,会降低企业的收益。

9. 答案:A

解析:应收账款的机会成本是因资金投放在应收账款上而丧失的再投资收益。

10. 答案:C

解析:应收账款收现保证率 $=\dfrac{2100-600}{3000}=50\%$。

11. 答案:B

解析:存货 ABC 分类的标准主要有两个:一是金额标准,二是品种数量标准。一般而言,三类存货的金额比重大致为 A:B:C = 7:2:1,而品种数量比重大致为 A:B:C = 1:2:7。

12. 答案:B

解析:经济批量 $=\sqrt{2\times2400\times400/12}=400$(吨),最佳订货次数 $=2400/400=6$(次)。

13. 答案:B

解析:实行数量折扣下的经济进货批量模式所考虑的成本因素包括订购成本、采购成本和储存成本。

三、多项选择题

1. 答案:ABC

解析:企业持有现金动机主要包括交易动机、预防动机和投机动机。

2. 答案:ABCD

解析:应收账款机会成本 = 平均每日赊销额 × 平均账款天数 × 变动成本率 × 资金成本。

3. 答案:ACD

解析:存货的储存变动成本是指与存货数量相关的成本。存货成本中存货占用资金的应计利息、存货的破损变质损失和存货的保险费用均与存货的持有水平有关;而紧急采购所支付的额外成本属于缺货成本。

4. 答案:ACD

解析:经济订货量基本模型的假设条件包括:(1) 企业能够及时补充存货;(2) 集中到货;(3) 不存在缺货现象;(4) 需求数确定;(5) 存货单价不变;(6) 企业现金充足;(7) 所需存货市场充足,等等。

5. 答案:ABCD

解析:存货功能是指存货在企业生产经营过程中所具有的作用,主要体现在:(1) 保证正常生产经营活动;(2) 适应市场变化要求;(3) 降低进货成本;(4) 便于均衡组织生产。

6. 答案:ABD

解析:信用标准是客户获得企业商业信用所应具备的条件。信用标准过高,意味着客户获得赊购的条件很苛刻,可能会使企业丧失销售机会,但有利于降低违约风险和减少坏账费用。

7. 答案:AB

解析:现金周转期 = 存货周转期 + 应收账款周转期 - 应付账款周转期。

8. 答案:ABCD

解析:相关订货成本 $=\dfrac{\text{存货年需用量}}{\text{每次进货批量}}\times$平均每次进货费用,相关储存成本 $=\dfrac{\text{每次进货批量}}{2}\times$单位存货的年储存成本。由于变动储存成本和变动订货成本相等时,存货的相关总成本最低,所以能使其相等的采购批量为经济订货批量。

9. 答案:ABC

解析:在存货陆续供应和使用的情况下,经济订货批量

$$=\sqrt{\frac{2\times\text{年需用量}\times\text{每次变动订货成本}}{\text{单位存货变动储存成本}\times\left[1-\dfrac{\text{每日耗用量}}{\text{每日供应量}}\right]}}。$$

四、判断题

1. 答案:对

解析:企业持有现金,会发生管理费用,这些费用就是现金的管理成本。管理成本是一种固定成本,与现金持有量之间无明显的比例关系。

2. 答案:对

解析:企业现金持有量过多,盈利水平要下降。

3. 答案:对

解析:在存货模式下,持有现金的机会成本与现金固定性转换成本相等时,现金管理的总成本最低,此时的现金持有量为最佳现金持有量。

4. 答案:错

解析:收账费用并不是越大越好,制定收账政策应该在增加收账费用与减少坏账损失、减少应收账款机会成本之间进行权衡,前者要小于后者,收账政策才是可取的。

5. 答案:错

解析:如果企业的信用标准严格,给予客户的信用期很短,可能不足以吸引顾客,在竞争中会使销售额下降,不利于企业利润的增加,甚至会减少企业的利润。

6. 答案:对

解析:在存货的 ABC 分类管理法下,A 类存货是控制的重点,而 A 类存货属于品种数量较少但金额较大的存货。

7. 答案:错

解析:赊销虽能扩大收入,但也会相应增加成本,并不一定赊销越多越好。

8. 答案:对

解析:变动性转换成本是依据委托成交金额计算的,它与证券交易次数关系不大,属于决策无关成本;而固定性转换成本与证券交易次数有关,属于决策相关成本。

9. 答案:错

解析:根据存货经济订货批量基本模型,经济订货批量是能使变动性订货成本与变动性储存成本相等的订货批量,不考虑与订货批量无关的固定性订货成本与固定性储存成本。

10. 答案:错

解析:信用标准是客户获得企业商业信用所应具备的最低条件,通常以预期的坏账损失率表示。

五、简答题

答案及解析:略

六、计算分析题

1. 答案及解析:

(1) 最佳现金持有量 $=\sqrt{\frac{2\times250000\times500}{10\%}}=50000$(元)

(2) 年现金持有成本 $=\frac{50000}{2}\times10\%=2500$(元)

年现金转换成本 $=\frac{250000}{50000}\times500=2500$(元)

全年总成本 = 持有成本 + 转换成本 = 2500 + 2500 = 5000(元)

(3) 有价证券交易次数 = 250000/50000 = 5(次)

有价证券交易间隔期 = 360/5 = 72(天)

2. 答案及解析:

(1) 2008 年赊销净额 = 6000 − 6000 × (70% × 2% + 10% × 1%) = 5910(万元)

(2) 2008 年信用成本前收益 = 5910 − 6000 × 65% = 2010(万元)

(3) 2008 年平均收账期 = 70% × 10 + 10% × 20 + 20% × 60 = 21(天)

(4) 2008 年应收账款机会成本 $=\frac{6000}{360}\times21\times65\%\times8\%=18.2$(万元)

(5) 2008 年信用成本后收益 = 2010 − (18.2 + 70 + 6000 × 4%) = 1681.8(万元)

3. 答案及解析:

原方案信用成本 $=\frac{720}{360}\times60\times50\%\times6\%+720\times10\%+5=80.6$(万元)

新增收账费用上限 $=80.6-\frac{720}{360}\times50\times50\%\times6\%-720\times7\%-5=22.2$(万元)

4. 答案及解析:

(1) A 商品的经济订货批量 $=\sqrt{\frac{2\times3600\times250}{5}}=600$(件)

B 商品的经济订货批量 $=\sqrt{\frac{2\times4000\times288}{10}}=480$(件)

(2) ①计算收益的增加:

经营 A 商品的毛利 = (100 − 60) × 3600 = 144000(元)

经营 B 商品的毛利 = (540 − 500) × 4000 = 160000(元)

收益的增加 = 160000 − 144000 = 16000(元)

②计算存货相关总成本的增加:

A 商品的相关总成本 = $\sqrt{2 \times 3600 \times 250 \times 5} = 3000$(元)

B 商品的相关总成本 = $\sqrt{2 \times 4000 \times 288 \times 10} = 4800$(元)

存货相关总成本的增加 = 4800 − 3000 = 1800(元)

③增加的净收益 = 16000 − 1800 = 14200(元)

由于增加的净收益大于零,故应调整经营的品种。

5. 答案及解析:

(1) 经济进货批量 = $\sqrt{\frac{2 \times 20000 \times 600}{1.5}} = 4000$(件)

(2) 最佳进货次数 = $\frac{20000}{4000} = 5$(次)

(3) 最佳进货周期 = $\frac{360}{5} = 72$(天)

(4) 经济进货批量的相关总成本 = $5 \times 600 + \frac{4000}{2} \times 1.5 = 6000$(元)

或

= $\sqrt{2 \times 20000 \times 600 \times 1.5} = 6000$(元)

(5) 经济进货批量平均占用的资金 = $\frac{4000}{2} \times 7.5 = 15000$(元)

6. 答案及解析:

(1) 2008 年的变动成本率 = $\frac{3000 - 600}{4000} \times 100\% = 60\%$

(2) 乙方案的平均收账天数 = $10 \times 30\% + 20 \times 20\% + 90 \times 50\% = 52$(天)

乙方案的机会成本 = $\frac{5400}{360} \times 52 \times 60\% \times 8\% = 37.44$(万元)

乙方案的坏账成本 = $5400 \times 50\% \times 4\% = 108$(万元)

乙方案的信用成本 = 37.44 + 108 + 50 = 195.44(万元)

(3) 甲方案信用成本后收益 = $5000 \times (1 - 60\%) - 140 = 1860$(万元)

乙方案的现金折扣 = $5400 \times 30\% \times 2\% + 5400 \times 20\% \times 1\% = 43.2$(万元)

乙方案信用成本后收益 = $[5400 \times (1 - 60\%) - 43.2] - 195.44 = 1921.36$(万元)

因为乙方案信用成本后收益大于甲方案,所以,应选用乙方案。

7. 答案及解析:

(1) ①没有价格折扣时:

最佳进货批量 = $\sqrt{\frac{2 \times 1200 \times 400}{6}} = 400$(件)

存货成本总额 = $1200 \times 10 + \frac{1200}{400} \times 400 + \frac{400}{2} \times 6 = 14400$(元)

②按600件进货取得价格折扣3%时：

$$存货总成本 = 1200 \times 10 \times (1-3\%) + \frac{1200}{600} \times 400 + \frac{600}{2} \times 6$$
$$= 11640 + 800 + 1800$$
$$= 14240(元)$$

③通过计算比较，进货批量600件的总成本低于进货批量400件的总成本，因此，该企业应按600件进货才是有利的。

（2）最佳的进货次数 $= \frac{1200}{600} = 2$(次)

最佳的进货间隔期 $= \frac{360}{2} = 180$(天)

（3）平均占用资金 $= \frac{600}{2} \times 10 \times (1-3\%) = 2910$(元)

（4）再订货点 $= 30 \times \frac{1200}{360} = 100$(件)

8. 答案及解析：

（1）原政策：

销量 $= 5 \times 360 = 1800$(个)

经济订货量 $= \sqrt{\frac{2 \times 1800 \times 144}{100}} = 72$(个)

订货次数 $= \frac{1800}{72} = 25$(次)

新政策：

销量 $= 20 \times 360 = 7200$(个)

经济订货量 $= \sqrt{\frac{2 \times 7200 \times 144}{100}} = 144$(个)

订货次数 $= \frac{7200}{144} = 50$(次)

（2）改变政策前：延迟1天，交货期内需要量 $= (5+1) \times 5 = 30$(个)，延迟2天为35个。

不设保险储备，再订货点25个，缺货量 $= (30-25) \times 0.2 + (35-25) \times 0.1 = 2$(个)，相关成本 $= 5 \times 25 \times 2 + 0 = 250$(元)；

保险储备5个，缺货量 $= 0.5$ 个，相关成本 $= 5 \times 25 \times 0.5 + 5 \times 100 = 562.5$(元)；

保险储备10个，缺货量0，相关成本 $= 10 \times 100 = 1000$(元)；

所以合理保险储备为0，再订货点为25个。

改变政策后：延迟 1 天，交货期内需要量 $=(5+1)\times 20=120$（个），延迟 2 天为 140 个。

不设保险储备，再订货点 100 个，缺货量 $=(120-100)\times 0.2+(140-100)\times 0.1=8$（个），相关成本 $=5\times 50\times 8+0=2000$（元）；

保险储备 20 个，缺货量 2 个，相关成本 $=5\times 50\times 2+20\times 100=2500$（元）；

保险储备 40 个，缺货量 0，相关成本 $40\times 100=4000$（元）。

所以合理保险储备为 0，再订货点 100 个。

（3）

单位：元

	原政策	新政策
销售收入	$1800\times 750=1350000$	$7200\times 600=4320000$
销售成本	$1800\times 500=900000$	$7200\times 500=3600000$
销售毛利	450000	720000
应收账款机会成本	$\frac{1350000}{360}\times 40\times \frac{500}{750}\times 10\%=10000$	$\frac{4320000}{360}\times 40\times \frac{500}{600}\times 10\%=40000$
储存与订货成本	$\sqrt{2\times 1800\times 144\times 100}=7200$	$\sqrt{2\times 7200\times 144\times 100}=14400$
折扣成本	0	$7200\times 600\times 2\%\times 50\%=43200$
缺货成本	250	2000
税前收益	432550	620400

因为改变政策后的税前收益大于改变政策前，因此，应改变政策，即实施降价策略。

9. 答案及解析：

（1）变动订货成本 $=\frac{13400-10760}{22}+280+8\times 2.5=420$（元）

（2）变动储存成本 $=4+28.50+20=52.50$（元）

（3）经济订货批量 $=\sqrt{\frac{2\times 10000\times 420}{52.5}}=400$（套）

（4）每年相关总成本 $=\sqrt{2\times 10000\times 420\times 52.5}=21000$（元）

（5）再订货点 $=6\times \frac{10000}{50\times 6}+100=300$（套）

（6）每年与储备存货相关的总成本

= 总购置成本 + 总订货成本 + 总储存成本

$=10000\times 395+(10000/400)\times 420+10760+3000\times 12+52.5\times (400/2+100)+2500$

$=4025510$（元）

第九章
财务预测与计划

练习题

一、名词解释

1. 固定预算
2. 增量预算
3. 定期预算
4. 滚动预算
5. 概率预算

二、单项选择题

1. 按照资金习性,可以把资金分为(　　)。
   A. 不变资金和半变动资金
   B. 固定资金和长期资金
   C. 长期资金和短期资金
   D. 不变资金、变动资金和半变动资金
2. 财务预测的起点是(　　)。
   A. 销售预测　　B. 费用预测
   C. 资产负债表项目预测　　D. 现金流量预测
3. 采用销售百分比法预测资金需要量时,下列项目中被视为不随销售收入的变动而变动的是(　　)。
   A. 现金　　B. 应付账款　　C. 存货　　D. 应付债券
4. 将资金划分为变动资金与不变资金两部分,并据以预测企业未来资金需要量的方法称为(　　)。
   A. 定额预测法　　B. 比率预测法

C. 资金习性预测法　　D. 成本习性预测法

5. 需按成本性态分析的方法将企业成本划分为固定成本和变动成本的预算编制方法是(　　)。

A. 固定预算　B. 零基预算　C. 滚动预算　D. 弹性预算

6. 相对于固定预算而言,弹性预算的主要优点是(　　)。

A. 机动性强　　B. 稳定性强

C. 连续性强　　D. 远期指导性强

7. 在基期成本费用实际水平的基础上,结合预算期业务量及有关降低成本的措施,通过调整有关原有成本项目而编制的预算,称为(　　)。

A. 弹性预算　B. 零基预算　C. 增量预算　D. 滚动预算

8. 可以保持预算的连续性和完整性,并能克服传统定期预算缺点的预算方法是(　　)。

A. 弹性预算　B. 零基预算　C. 滚动预算　D. 固定预算

9. 以预算期内正常的、可实现的某一业务量水平为唯一基础来编制预算的方法称为(　　)。

A. 零基预算　B. 定期预算　C. 固定预算　D. 滚动预算

10. 下列各项中,不能直接在现金预算中得到反映的是(　　)。

A. 期初期末现金余额　　B. 现金筹措及使用情况

C. 预算期产量和销量　　D. 现金收支情况

11. 某企业编制"直接材料耗用及采购预算",预计第四季度期初存量为356千克,季度生产需用量为2120千克,预计期末存量为350千克,材料单价为10元,若材料采购货款有50%在本季度内付清,另外50%在下季度付清,则该企业预计资产负债表年末"应付账款"项目为(　　)。

A. 1130　B. 14630　C. 10570　D. 13560

12. 某企业2007年销售收入为1000万元,年末变动资产总额为4000万元,变动负债总额为2000万元。该企业预计2008年销售额比2007年增加10%,收益留存比率为50%,销售净利率为10%,则该企业2008年外部融资需要量为(　　)。

A. 0　B. 2000万元　C. 1950万元　D. 145万元

三、多项选择题

1. 关于财务预测,下列说法正确的是(　　)。

A. 财务预测以生产预测为起点,根据预计生产水平预测所需的资金
B. 融资计划是财务预测的前提
C. 财务预测有助于改善投资决策
D. 财务预测有助于提高企业的应变能力

2. 一般情况下,销售百分比法中的变动负债项目包括(　　)。
A. 应付账款　B. 实收资本　C. 预收款项　D. 长期负债

3. 以下属于变动资金特点的有(　　)。
A. 变动资金总额与销售额成正比例变化
B. 变动资金总额保持不变
C. 单位变动资金则保持不变
D. 单位变动资金与销售额成正比例变化

4. 回归分析法的有关计算公式为(　　)。
A. $b=\dfrac{n\sum x\sum y-\sum xy}{n(\sum x)^2-\sum x^2}$　B. $b=\dfrac{n\sum xy-\sum x\sum y}{n\sum x^2-(\sum x)^2}$
C. $a=\dfrac{\sum x-b\sum y}{n}$　D. $a=\dfrac{\sum y-b\sum x}{n}$

5. 关于弹性预算,下列说法正确的有(　　)。
A. 弹性预算应每月重复编制以保证适用性
B. 弹性预算是按一系列业务量水平编制的
C. 弹性预算的业务量范围应尽可能将实际业务量包括在内
D. 弹性成本预算是按成本的不同性态分类列示的

6. 相对固定预算而言,弹性预算的优点有(　　)。
A. 预算成本低　B. 预算工作量小
C. 预算可比性强　D. 预算适用范围宽

7. 与编制零基预算相比,编制增量预算的主要缺点包括(　　)。
A. 可能不加分析地保留或接受原有成本支出
B. 可能按主观臆断平均削减预算或只增不减
C. 可能使原有不合理的费用开支继续存在下去,造成浪费
D. 增加了预算编制的工作量,容易顾此失彼

8. 关于财务预算,下列各项中表述正确的是(　　)。
A. 能反映企业在预算期内的有关现金收支、经营成果和财务状况
B. 是业务预算、资本预算的基础

C. 以现金流为核心进行编制

D. 主要以现金预算、预计资产负债表和预计利润表等财务报表形式予以充分反映

四、判断题

1. 企业按照销售百分比法预测出来的外部融资需要量,是企业在未来一定时期资金需要量的一种增量。 （　　）

2. 高低点法预测未来资金需求量,一般适用于企业各项资金变动趋势比较稳定的情况。 （　　）

3. 弹性预算是按预期的可预见的不同业务量编制的,我们总是可以在弹性预算中找到与实际业务量相同的业务量及其预算金额。 （　　）

4. 企业在编制零基预算时,需要以现有的费用项目为依据,但不以现有的费用水平为基础。 （　　）

5. 滚动预算能够使预算期间与会计年度相配合,便于考核预算的执行结果。 （　　）

6. 生产预算是全面预算的起点,其他预算的编制都以生产预算作为基础。 （　　）

7. 在编制出预计利润表之后,才能完成预计资产负债表的编制。 （　　）

8. 所有的业务预算均以货币作为计量单位。 （　　）

五、简答题

1. 什么是财务预测？它有什么意义？
2. 财务预测的方法有哪些？各有什么优缺点？
3. 用销售百分比法预测未来资金需求量的方法基于何种假定？
4. 什么是财务预算？它有何意义？
5. 什么是弹性预算？与固定预算相比,它有什么优点？
6. 什么是零基预算？与增量预算相比,它有什么优点？
7. 全面预算包括哪些内容？
8. 预算不相容岗位包括哪些？

六、计算分析题

1. （1）某公司2008年末资产负债表(简化格式)列示如下：

单位:万元

资产		负债与所有者权益	
项目	金额	项目	金额
现金	200	应付账款	2200
应收账款	1800	应付费用	940
存货	3200	长期负债	420
预付费用	45	普通股股本	2305
固定资产净值	4620	留存收益	4000
资产总额	9865	负债与所有者权益总额	9865

（2）2008 年销售收入为 20000 万元,预计 2009 年销售收入为 22000 万元,并有剩余生产能力。

（3）预计 2009 年销售净利润率为 2.5%,净利润留存比率为 20%。

（4）该公司变动资产项目包括现金、应收账款和存货,变动负债项目包括应付账款和应付费用。

要求:运用销售百分比法预测 2009 年外部融资需要量。

2. 某公司 2008 年销售收入为 100000 元,销售净利率为 10%。该公司 2008 年 12 月 31 日资产负债表如下:

单位:元

资产	金额	负债及所有者权益	金额
现金	2000	应付费用	5000
应收账款	28000	应付账款	13000
存货	30000	短期债款	12000
固定资产	40000	公司债券	20000
		实收资本	40000
		留存收益	10000
合计	100000	合计	100000

要求:

（1）若现有剩余生产能力,流动资产和流动负债中的应付账款随销售收入增加而增加,2009 年预计销售收入 120000 元,公司利润分配给投资者比例为 50%,其他条件不变,计算需要从外部筹集资金数量。

（2）流动资产及流动负债中的应付账款均随销售收入增加而增加，2009 年需追加一项投资需 30000 元，其他条件不变，计算需从外部筹集资金数量。

（3）结合第（2）问，同时要求企业流动资产的周转率加快变为 2.5 次（按期末流动资产数确定），销售净利率提高到 12%，其他条件不变，计算需从外部筹集资金数量。

3. 某企业 2005—2008 年产量和资金占用量列示如下：

年度	产量（件）	资金占用量（千元）
2005	4550	232
2006	5010	250
2007	5200	261
2008	5910	300

该企业 2009 年预定产量为 6000 件。

要求：运用高低点法预测 2009 年资金占用量。

4. 某企业 2005—2008 年产量和资金占用量列示如下：

年度	产量（千件）	资金占用量（万元）
2005	45	230
2006	50	250
2007	53	280
2008	60	300

该企业 2009 年预定产量为 62 千件。

要求：运用回归分析法预测 2009 年资金占用量。

5. 某企业现着手编制 2009 年 6 月份的现金收支计划。预计 2009 年 6 月月初现金余额为 8000 元；月初应收账款为 4000 元，预计月内可收回 80%；本月销货 50000 元，预计月内收款比例为 50%；本月采购材料 8000 元，预计月内付款 70%；月初应付账款余额 5000 元需在月内全部付清；月内以现金支付工资 8400 元；本月制造费用等间接费用付现 16000 元；其他经营性现金支出 900 元；购买设备支付现金 10000 元。企业现金不足时，可向银行借款，借款金额必须为 1000 元的倍数；现金多余时可购买有价证券。要求月末现金余额不低于 5000 元。

要求：

（1）预计 6 月份的经营现金收入；

（2）预计 6 月份的经营现金支出；

（3）预计6月份的现金余缺；

（4）预计需筹措或运用的资金数额；

（5）预计6月末的现金余额。

6. 假定春雷公司2008年年末的资产负债表（简化格式）及其有关资料如下：

（1） **2008年年末资产负债表** 单位:元

<table>
<tr><th colspan="2">资　产</th><th colspan="2">负债及所有者权益</th></tr>
<tr><td>现金</td><td>10000</td><td>应付账款</td><td>24000</td></tr>
<tr><td>应收账款</td><td>50000</td><td>银行借款</td><td>—</td></tr>
<tr><td>存货</td><td>20000</td><td>所有者权益</td><td>132600</td></tr>
<tr><td>固定资产
减:累计折旧</td><td>85000
8400</td><td></td><td></td></tr>
<tr><td>合计</td><td>156600</td><td>合计</td><td>156600</td></tr>
</table>

（2）若计划年度(2009年)1月份该公司预计销售甲商品10000件,销售单价9元,其中现销40%,其余为赊销,30天后收款。

（3）甲商品的进价与存货成本均为每件4元。购入商品时,30%当月付现,其余为次月付款。

（4）计划年度1月份的期末存货,预计为4000件。

（5）2009年1月份预计将开支以下营业费用:职工薪金15000元,办公费4300元,水电费5000元,保险费2000元,折旧费700元,广告费3000元。

（6）1月份预计将购置一台微型电脑,价格35000元。

（7）该公司规定计划期间现金的最低库存限额为10000元,如不足此数,可全额向银行借款。

要求:根据上述有关资料,为该公司编制2009年1月份的相关预算,填制下列预算表格。

表1 **春雷贸易公司销售预算** 单位:元

<table>
<tr><th>摘　要</th><th>销售量(件)</th><th>单价</th><th>销售金额</th></tr>
<tr><td>预计销售收入</td><td></td><td></td><td></td></tr>
<tr><td rowspan="3">预计现金收入计算表</td><td colspan="2">期初应收账款</td><td></td></tr>
<tr><td colspan="2">1月份现金销售收入</td><td></td></tr>
<tr><td colspan="2">现金收入合计</td><td></td></tr>
</table>

表 2　　春雷贸易公司商品采购预算　　单位:元

<table>
<tr><th>摘　要</th><th>数量(件)</th><th>单价</th><th>金额</th></tr>
<tr><td>预计销售需要额</td><td></td><td></td><td></td></tr>
<tr><td>加:预计期末存货</td><td></td><td></td><td></td></tr>
<tr><td>预计需要额合计</td><td></td><td></td><td></td></tr>
<tr><td>减:期初存货</td><td></td><td></td><td></td></tr>
<tr><td>预计商品采购额</td><td></td><td></td><td></td></tr>
<tr><td rowspan="3">预计现金支出计算表</td><td colspan="2">期初应付账款</td><td></td></tr>
<tr><td colspan="2">1 月份现购商品</td><td></td></tr>
<tr><td colspan="2">现金支出合计</td><td></td></tr>
</table>

表 3　　春雷贸易公司营业费用预算　　单位:元

<table>
<tr><th colspan="2">费用明细项目</th><th>金额</th></tr>
<tr><td colspan="2">(略)</td><td>(略)</td></tr>
<tr><td colspan="2">营业费用合计</td><td></td></tr>
<tr><td rowspan="3">预计现金支出计算表</td><td>营业费用支出总额</td><td></td></tr>
<tr><td>减:折旧费</td><td></td></tr>
<tr><td>1 月份营业费用现金支出合计</td><td></td></tr>
</table>

表 4　　春雷贸易公司现金预算　　单位:元

摘　要	资料来源	金额
期初现金余额		
加:应收账款收回及销售收入		
可动用现金合计		
减:采购商品		
营业费用		
购入新设备		
现金支出合计		
现金结余(或不足)		
通融资金:银行借款		
期末现金余额		

表 5 春雷贸易公司利润预算 单位:元

摘 要	资料来源	金额
销售收入		
销售成本		
销售毛利		
减:营业费用		
利润		

表 6 春雷贸易公司预计资产负债表 单位:元

资 产		负债及所有者权益	
现金		应付账款	
应收账款		银行借款	
存货		所有者权益	
固定资产			
减:累计折旧			
合计		合计	

7. 某企业 2009 年有关预算资料如下:

(1) 预计该企业 3—7 月份的销售收入分别为 40000 元、50000 元、60000 元、70000 元、80000 元。每月销售收入中,当月收到现金 30%,下月收到现金 70%。

(2) 各月直接材料采购成本按下一个月销售收入的 60% 计算。所购材料款于当月支付现金 50%,下月支付现金 50%。

(3) 预计该企业 4—6 月份的制造费用分别为 4000 元、4500 元、4200 元,每月制造费用中包括折旧费 1000 元。

(4) 预计该企业 4 月份购置固定资产,需要现金 15000 元。

(5) 企业在 3 月末有长期借款 20000 元,利息率为 15%。

(6) 预计该企业在现金不足时,向银行申请短期借款(为 1000 元的倍数);现金有多余时归还银行借款(为 1000 元的倍数)。借款在期初,还款在期末,借款年利率 12%。

(7) 预计该企业期末现金余额的额定范围是 6000—7000 元,长期借款利息每季度末支付一次,短期借款利息还本时支付,其他资料见现金预算。

要求:根据以上资料,完成该企业 4—6 月份现金预算的编制工作。

现金预算 单位:元

月份	4	5	6
期初现金余额	7000		
经营现金收入			
直接材料采购支出			
直接工资支出	2000	3500	2800
制造费用支出			
其他付现费用	800	900	750
预交所得税			8000
购置固定资产			
现金余缺			
向银行借款			
归还银行借款			
支付短期借款利息			
支付长期借款利息			
期末现金余额			

答案及解析

一、名词解释

解释:略

二、单项选择题

1. 答案:D

解析:所谓资金习性是指资金的变动与销售水平变动之间的依存关系。按资金习性,可以把资金分为不变资金、变动资金和半变动资金。

2. 答案:A

解析:财务预测以销售预测为起点,根据预计销售水平预测所需的资产总量,根据预计销售量估计收入和费用,并确定净收益。

3. 答案:D

解析:在预测资金需求量时,长期负债为非变动项目。

4. 答案:C

解析:资金的变动与销售水平之间的依存关系,称为资金习性。资金需要也可以依据资金习性进行预测。

5. 答案:D

解析:弹性预算是在按照成本(费用)习性分类的基础上,根据量、本、利之间的依存关系编制的预算。

6. 答案:A

解析:相对于固定预算而言,弹性预算编制的依据是一个可预见的业务量范围而不是一个固定的业务量,因此适用面宽、机动性强。

7. 答案:C

解析:增量预算是以基期的成本费用实际水平为基础,结合预算期业务量水平以及有关降低成本的措施,调整部分原有的成本费用项目而编制的预算。

8. 答案:C

解析:滚动预算在编制预算时将预算期与会计年度脱离开来,随预算的执行而不断地滚动补充预算,使预算期始终保持为 12 个月。它不受日历年度的限制,能够连续不断地规划未来的经营活动,不会造成预算的人为间断,能够确保企业管理工作的完整性与稳定性,能克服定期预算的缺点。

9. 答案:C

解析:固定预算是根据预算内正常的、可实现的某一业务量水平编制的预算,一般适用于固定费用或者数额比较稳定的预算项目。

10. 答案:C

解析:现金预算是反映企业预算期内一切现金收支及其结果的预算,没有反映预算期产量和销量的项目。预算期产量和销量在生产预算中有反映。

11. 答案:C

解析:预计材料采购量 = 预计生产需要量 + 预计期末存料量 - 预计期初存料量 $=2120+350-356=2114$(千克),第四季度材料采购成本 $=2114\times10=21140$(元),预计资产负债表年末应付账款余额 $=21140\times50\%=10570$(元)。

12. 答案:D

解析:外部融资需要量 $=100\times\dfrac{4000}{1000}-100\times\dfrac{2000}{1000}-1000\times(1+10\%)\times10\%\times50\%=145$(万元)。

三、多项选择题

1. 答案:CD

解析:一般情况下,财务预测以销售预测为起点。财务预测是融资计划的前提,有助于改善投资决策,有助于提高企业的应变能力。

2. 答案:AC

解析:销售百分比法是指以资金和销售额的比率为基础,预测未来资金需求量的方法。在负债与所有者权益一方,应付账款和预收款项会随销售收入的增加而增加,这种方法假定它们随销售收入成正比例增长,为变动负债,而长期负债和实收资本等不会随销售收入增加而自动增加。

3. 答案:AC

解析:变动资金是指随销售额变动而同比例变动的那部分资金,变动资金总额与销售额成正比例变化,但单位变动资金则保持不变。

4. 答案:BD

解析:回归分析法在用"$y=a+bx$"这个线性方程表示资金与销售额之间关系的前提下,运用最小平方法的原理求得各资产负债表项目和销售额的函数关系,其计算公式为

$$\begin{cases} a=\dfrac{\sum x^2\sum y-\sum x\sum xy}{n\sum x^2-(\sum x)^2} \\ b=\dfrac{n\sum xy-\sum x\sum y}{n\sum x^2-(\sum x)^2} \end{cases}$$

,也可以按上面 b 的计算式先求出 b,再代入下式求得 a:$a=\dfrac{\sum y-b\sum x}{n}$。

5. 答案:BCD

解析:编制弹性预算需要在可预见的业务量范围内,按照一定业务量间隔,根据收入、成本、费用、利润与业务量之间的内在关系,分析确定其预算额。但它不是滚动预算,不需要每月重复编制以保证适用性。

6. 答案:CD

解析:弹性预算是指按照预算期内可预见的多种业务量水平而编制的、能够适应不同业务量情况的预算。弹性预算编制的依据不是一个固定的业务量,而是一个可预见的业务量范围,因此能使不同业务量条件下的预算数据与实际可比,适用面宽,机动性强,具有弹性,但工作量大,预算成本也相对较高。

7. 答案:ABC

解析:增量预算往往不加分析地保留或接受原有的成本项目,可能使原来不合理的费用开支继续存在下去,造成浪费,并且容易鼓励预算编制人凭主观臆断

按成本项目平均削减预算或只增不减,不利于调动各部门降低费用的积极性,但是它的工作量比零基预算要小。

8. 答案:ACD

解析:财务预算是指反映企业在预算期内有关现金收支、经营成果和财务状况的预算,它围绕企业的战略要求和发展规划,以业务预算、资本预算为基础,以经营利润为目标,以现金流为核心进行编制,并主要以现金预算、预计资产负债表和预计利润表等财务报表形式予以充分反映。

四、判断题

1. 答案:对

解析:销售百分比法以销售变动额为基础计算变动资产和变动负债的变动额,进一步预计外部融资需要量,测算的是资金需要量的一种增量。

2. 答案:对

解析:高低点法只考虑了历史时期中两个时期的数据,所得到的预测方程式可能存在代表性不强的问题,因此它一般适用于企业各项资金变动趋势比较稳定的情况。

3. 答案:错

解析:弹性预算按照预算期内可预见的多种业务量水平而编制,但在编制预算时,不可能列出所有可能发生的实际业务量及其预算金额。

4. 答案:错

解析:编制零基预算一切从零出发。

5. 答案:错

解析:滚动预算在编制预算时将预算期与会计年度相脱离。

6. 答案:错

解析:销售预算是编制企业全面预算的出发点,也是日常业务预算的基础。

7. 答案:对

解析:在编制出预计利润表计算反映净利润之后,才能完成预计资产负债表股东权益相关项目的编制。

8. 答案:错

解析:比如生产预算用实物量单位进行编制。

五、简答题

答案及解析:略

六、计算分析题

1. 答案及解析：

变动项目占销售收入百分比计算如下：

资　产			负债与所有者权益		
项　目	金额（万元）	占销售收入百分比（%）	项　目	金额（万元）	占销售收入百分比（%）
现金	200	1	应付账款	2200	11
应收账款	1800	9	应付费用	940	4.7
存货	3200	16	长期负债	420	—
预付费用	45	—	普通股股本	2305	—
固定资产净值	4620	—	留存收益	4000	—
资产总额	9865	26	负债与所有者权益总额	9865	15.7

2009 年外部融资需要量 = (26% − 15.7%) × (22000 − 20000) − 22000 × 2.5% × 20%
= 96（万元）

2. 答案及解析：

（1）变动资产销售百分比 $=\frac{2000+28000+30000}{100000}\times100\%=60\%$

变动负债销售百分比 $=\frac{13000}{100000}\times100\%=13\%$

外部融资需要量 = 20000 × 60% − 20000 × 13% − 120000 × 10% × 50% = 3400（元）

（2）外部融资需要量 = 30000 + 3400 = 33400（元）

（3）预计流动资产周转率 $=\frac{\text{预计销售收入}}{\text{流动资产}}=2.5$（次）

预计流动资产 $=\frac{120000}{2.5}=48000$（元）

2009 年增加的资产 = 30000 + (48000 − 60000) = 18000（元）

外部融资需要量 = 18000 − 20000 × 13% − 120000 × 12% × 50% = 8200（元）

3. 答案及解析：

$b=\frac{300-232}{5910-4550}=0.05$

$a=300-5910\times0.05=4.5$

预测 2009 年资金占用量：

$y=4.5+0.05x$

$=4.5+0.05\times6000$

$=304.5$（千元）

4. 答案及解析：

数据加工

年度	产量 x（千件）	资金占用量 y（万元）	xy	x^2
2005	45	230	10350	2025
2006	50	250	12500	2500
2007	53	280	14840	2809
2008	60	300	18000	3600
合计	208	1060	55690	10934

$$b=\frac{n\sum xy-\sum x\sum y}{n\sum x^2-(\sum x)^2}=\frac{4\times 55690-208\times 1060}{4\times 10934-208^2}=\frac{2280}{472}=4.83\text{（万元/千件）}$$

$$a=\frac{\sum y-b\sum x}{n}=\frac{1060-4.83\times 208}{4}=13.84\text{（万元）}$$

预测 2009 年资金占用量：

$$y=13.84+4.83x=13.84+4.83\times 62=313.3\text{（万元）}$$

5. 答案及解析：

（1）6 月份的经营现金收入 $=4000\times 80\%+50000\times 50\%=28200$（元）

（2）6 月份的经营现金支出 $=8000\times 70\%+5000+8400+16000+900=35900$（元）

（3）6 月份的现金余缺 $=8000+28200-(35900+10000)=-9700$（元）

（4）银行借款数额 $=5000+10000=15000$（元）

（5）6 月末的现金余额 $=15000-9700=5300$（元）

6. 答案及解析：

表 1　**春雷贸易公司销售预算**　单位：元

摘　要	销售量（件）	单价	销售金额
预计销售收入	10000	9	90000
预计现金收入计算表	期初应收账款		50000
	1 月份现金销售收入		36000
	现金收入合计		86000

表 2　　春雷贸易公司商品采购预算　　单位:元

摘　要	数量(件)	单价	金额
预计销售需要额	10000	4	40000
加:预计期末存货	4000	4	16000
预计需要额合计	14000	4	56000
减:期初存货	5000	4	20000
预计商品采购额	9000	4	36000
预计现金支出计算表	期初应付账款		24000
	1 月份现购商品		10800
	现金支出合计		34800

表 3　　春雷贸易公司营业费用预算　　单位:元

费用明细项目		金额
(略)		(略)
营业费用合计		30000
预计现金支出计算表	营业费用支出总额	30000
	减:折旧费	700
	1 月份营业费用现金支出合计	29300

表 4　　春雷贸易公司现金预算　　单位:元

摘　要	资料来源	金额
期初现金余额	条件(1)	10000
加:应收账款收回及销售收入	表 2	86000
可动用现金合计		96000
减:采购商品	表 2	34800
营业费用	表 3	29300
购入新设备	条件(6)	35000
现金支出合计		99100
现金结余(或不足)		-3100
通融资金:银行借款		13100
期末现金余额		10000

表 5 **春雷贸易公司利润预算** 单位:元

摘 要	资料来源	金额
销售收入	表 1	90000
销售成本	条件(3)	40000
销售毛利		50000
减:营业费用		30000
利润		20000

表 6 **春雷贸易公司预计资产负债表** 单位:元

资 产		负债及所有者权益	
现金	10000	应付账款	25200
应收账款	54000	银行借款	13100
存货	16000	所有者权益	152600
固定资产	120000		
减:累计折旧	9100		
合计	190900	合计	190900

7. 答案及解析:

现金预算 单位:元

月份	4	5	6
期初现金余额	7000	6200	6180
经营现金收入	43000	53000	63000
直接材料采购支出	33000	39000	45000
直接工资支出	2000	3500	2800
制造费用支出	3000	3500	3200
其他付现费用	800	900	750
预交所得税			8000
购置固定资产	15000		
现金余缺	-3800	12300	9430
向银行借款	10000		
归还银行借款		-6000	-2000
支付短期借款利息		-120	-60
支付长期借款利息			-750
期末现金余额	6200	6180	6620

第十章
财务控制

练习题

一、名词解释

1. 财务控制
2. 预算控制
3. 预防性控制
4. 成本控制
5. 目标成本控制
6. 定额成本控制
7. 标准成本
8. 标准成本控制

二、单项选择题

1. 以资源无浪费、设备无故障、产出无废品、工时都有效的假设前提为依据而制定的标准成本是(　　)。
   A. 基本标准成本　　B. 理想标准成本
   C. 正常标准成本　　D. 现行标准成本
2. 将财务控制分为预算控制和制度控制,是按照(　　)进行的分类。
   A. 控制的依据　　B. 控制的主体
   C. 控制的对象　　D. 控制的内容
3. 财务控制中为了实现有利结果而采取的控制,指的是(　　)。
   A. 侦查性控制　　B. 预防性控制
   C. 纠正性控制　　D. 指导性控制
4. 通过有关财务指标的分析识别已经存在的财务风险,这种财务控制属于

( )。

A. 预防性控制　　B. 侦查性控制

C. 纠正性控制　　D. 指导性控制

5. 成本控制程序中的检查考评,属于( )。

A. 事前控制　B. 事中控制　C. 过程控制　D. 事后控制

6. 通常应对不利的材料数量差异负责的部门是( )。

A. 采购部门　　B. 生产部门

C. 人事部门　　D. 质量控制部门

7. "直接人工效率差异"科目为借方余额表明( )。

A. 标准工时超过实际工时

B. 实际工时超过标准工时

C. 标准工资率与标准工时超过实际工资率与实际工时

D. 实际工资率与实际工时超过标准工资率与标准工时

8. 固定制造费用成本差异是指( )。

A. 实际产量下,实际固定制造费用与标准固定制造费用的差异

B. 预算产量下,实际固定制造费用与标准固定制造费用的差异

C. 实际产量下的实际固定制造费用与预算产量下的标准固定制造费用的差异

D. 预算产量下的实际固定制造费用与实际产量下的标准固定制造费用的差异

9. 某产品的变动制造费用标准成本为:工时消耗4小时,变动制造费用小时分配率为6元。本月生产产品300件,实际使用工时1500小时,实际发生变动制造费用12000元。则变动制造费用效率差异为( )元。

A. 1800　B. 1650　C. 1440　D. 1760

10. 本月生产甲产品8000件,实际耗用A材料32000千克,其实际价格为每千克40元。该产品A材料的用量标准为3千克,标准价格为45元。其直接材料用量差异为( )元。

A. 360000　B. 320000　C. 200000　D. -160000

11. 固定制造费用的实际金额与固定制造费用的预算金额之间的差异称之为( )。

A. 能量差异　　B. 效率差异

C. 开支差异　　D. 闲置能量差异

12. 材料脱离定额的差异为材料实际消耗量与材料定额消耗量之差乘以(　　)。

A. 材料计划单价　　B. 材料实际单价

C. 材料标准单价　　D. 材料实际耗用量

三、多项选择题

1. 下列属于预防性控制的措施是(　　)。

A. 通过账账核对、实物盘点,以发现错误和货物短缺

B. 通过有关财务指标的分析识别存在的财务风险

C. 企业要求任何业务,尤其是货币资金收支业务不能由某一岗位或某一个人包办

D. 要求企业所有人员不经合法授权,不能行使相应权利

2. 下列属于直接人工工资率差异形成原因的有(　　)。

A. 工人技术状况的好坏　　B. 工作环境和设备条件的好坏

C. 工资制度的变动　　D. 加班或临时工的增减

3. 下列各项中,属于财务控制特征的有(　　)。

A. 以价值形式为控制手段

B. 以不同经济业务为控制对象

C. 以控制日常现金流量为目的

D. 以作出最终财务决策为奋斗目标

4. 按照财务控制的功能,财务控制可分为(　　)等。

A. 预防性控制　　B. 侦查性控制

C. 纠正性控制　　D. 指导性控制

5. 从控制的标准来看,成本控制方法包括(　　)。

A. 目标成本控制法　　B. 定额成本控制法

C. 标准成本控制法　　D. 预算控制法

6. 下列成本差异中,通常不属于生产部门责任的是(　　)。

A. 直接材料价格差异　　B. 直接人工工资率差异

C. 直接人工效率差异　　D. 变动制造费用效率差异

7. 在成本差异分析中,变动制造费用耗费差异类似于(　　)。

A. 直接材料用量差异　　B. 直接材料价格差异

C. 直接人工工资率差异　　D. 直接人工效率差异

8. 各成本差异科目的贷方登记(　　)。

A. 成本超支差异　　B. 成本节约差异

C. 超支差异转出额　　D. 节约差异转出额

9. 某产品的单位产品标准成本为:工时消耗 3 小时,变动制造费用小时分配率 5 元,固定制造费用小时分配率 2 元,本月生产产品 500 件。实际使用工时 1400 小时,预算产量标准工时为 1620 小时,实际发生变动制造费用 7700 元,实际发生固定制造费用 3500 元,则下列有关制造费用差异计算正确的有(　　)。

A. 变动制造费用开支差异为 700 元

B. 变动制造费用效率差异为 -500 元

C. 固定制造费用效率差异为 -200 元

D. 固定制造费用开支差异为 260 元

10. 标准成本包括(　　)。

A. 实际标准成本　　B. 正常标准成本

C. 基本标准成本　　D. 理想标准成本

四、判断题

1. 按照财务控制的内容,可分为一般控制和应用控制两类,一般控制和应用控制都会直接作用于财务活动。(　　)

2. 固定制造费用能量差异是根据预算工时数与实际产量下标准工时数的差额,乘以固定制造费用标准分配率计算得出的。(　　)

3. 在材料成本差异分析中,价格差异是根据单价偏差乘以“标准”用量计算的,而用量差异却是根据用量差异乘以“实际”价格计算的。(　　)

4. 正常标准成本从数额上看,应当大于理想标准成本,但小于历史平均成本。(　　)

5. 变动制造费用效率差异形成原因与人工效率差异形成原因是相同的。(　　)

6. 目标成本控制要求企业把成本管理的立足点从制造阶段转向制造前阶段。(　　)

7. 针对某些环节的不足或缺陷而采取的控制措施是一种指导性控制。(　　)

8. 无论哪种变动成本项目的实际价格上升,都会引起整个变动成本差异的不利变化。(　　)

9. 产品的定额成本是以现行消耗水平为依据计算出来的,是企业现有生产

和技术水平下所应达到的成本水平。 (　　)

10. 固定制造费用效率差异发生的原因与变动制造费用相同。 (　　)

五、简答题

1. 财务控制应遵循哪些原则?
2. 成本控制在现代成本管理中有何意义?
3. 简述成本控制的原则、程序与方法。
4. 什么是例外管理? 常见的“例外事项”主要有哪些?
5. 目标成本控制的基本原则是什么?
6. 简述定额成本法和标准成本法的区别与联系。
7. 试分析定额成本法的优缺点。
8. 简述现金流量控制目标。

六、计算分析题

1. 某产品的变动制造费用标准成本为:工时消耗 3 小时,变动制造费用小时分配率 5 元。本月生产产品 500 件,实际使用工时 1400 小时,实际发生变动制造费用 7600 元。

要求:分析计算变动制造费用的开支差异和效率差异,并进行相关账务处理。

2. 某产品本月成本资料如下:

(1) 单位产品标准成本:

成本项目	用量标准	价格标准	标准成本
直接材料	50 千克	9 元/千克	450 元/件
直接人工	A	4 元/小时	B
变动制造费用	C	D	135 元/件
固定制造费用	E	F	90 元/件
合计			855 元/件

本企业该产品预算产量的标准工时为 1000 小时。制造费用均按人工工时分配。

(2) 本月实际产量 20 件,实际耗用材料 900 千克,实际人工工时 950 小时,实际成本如下:

直接材料	9000 元
直接人工	3325 元
变动制造费用	2375 元
固定制造费用	2850 元
合计	17550 元

要求：

（1）填写标准成本卡中用字母表示的数据；

（2）计算本月产品成本差异总额；

（3）计算直接材料价格差异和用量差异；

（4）计算直接人工效率差异和工资率差异；

（5）计算变动制造费用开支差异和效率差异；

（6）计算固定制造费用开支差异、能量差异和效率差异。

3. 某企业甲产品单位工时标准为 2 小时/件，标准变动费用分配率为 5 元/小时，标准固定制造费用分配率为 8 元/小时。本月预算产量为 10000 件，实际产量为 12000 件，实际工时为 21600 元，实际变动制造费用与固定制造费用分别为 110160 元和 250000 元。

要求：

（1）计算单位产品的变动制造费用标准成本、固定制造费用标准成本；

（2）计算变动制造费用效率差异、变动制造费用开支差异；

（3）计算固定制造费用开支差异、能量差异和效率差异。

4. 某企业运用标准成本系统计算产品成本，并采用结转本期损益法处理成本差异，有关资料如下：

（1）单位产品标准成本：

直接材料标准成本：6 千克 ×1.5 元/千克 =9 元；

直接人工标准成本：4 小时 ×4 元/小时 =16 元；

变动制造费用标准成本：4 小时 ×3 元/小时 =12 元；

固定制造费用标准成本：4 小时 ×2 元/小时 =8 元；

单位产品标准成本：9 +16 +12 +8 =45 元。

（2）其他情况：

原材料：期初无库存，本期购入 3500 千克，单价 1.6 元/千克，耗用 3250 千克。

在产品：期初在产品存货40件，原材料为一次投入，完工程度50%；本月投产450件，完工入库430件。期末在产品60件，原材料为一次投入，完工程度50%。

产成品：期初产成品存货30件，本期完工入库430件，本期销售440件。

本期耗用直接人工2100小时，支付工资8820元，支付变动制造费用6480元，支付固定制造费用3900元，生产能力为2000小时。

要求：

（1）计算产品成本差异（直接材料价格差异按采购量计算）；

（2）把各项成本差异结转本期损益；

（3）计算企业期末存货成本。

答案及解析

一、名词解释

解释：略

二、单项选择题

1. 答案：B

解析：理想标准成本是企业在最佳的生产经营环境和最优的生产经营要素组合下的标准成本。

2. 答案：A

解析：按照控制的依据，财务控制可分为预算控制和制度控制。

3. 答案：D

解析：指导性控制是为了实现有利结果而进行的控制。

4. 答案：B

解析：侦查性控制是指为了及时识别已经存在的风险、已经发生的错弊和非法行为，或增强识别能力所进行的控制。因此，通过有关财务指标的分析识别已经存在的财务风险，属于侦查性控制。

5. 答案：D

解析：检查考评属于事后控制，执行标准属于过程控制或事中控制，制定标准属于事前控制。

6. 答案：B

解析：一般而言，材料用量差异主要应由生产部门负责，而价格差异主要应由采购部门负责。

7. 答案:B

解析:直接人工效率差异 =(实际工时 - 标准工时)× 标准工资率,因此,“直接人工效率差异”科目为借方余额表明实际工时超过标准工时。

8. 答案:A

解析:固定制造费用成本差异是实际产量下的实际固定制造费用与实际产量下标准固定制造费用的差异。

9. 答案:A

解析:变动制造费用效率差异 =(实际工时 - 实际产量下的标准工时)× 变动制造费用标准分配率 =(1500 - 300 ×4)×6 = 1800(元)。

10. 答案:A

解析:材料用量差异 =(实际用量 - 实际产量下标准用量)× 标准价格 =(32000 - 8000 ×3)×45 = 360000(元)。

11. 答案:C

解析:固定制造费用的开支差异 = 实际固定制造费用 - 预算固定制造费用。

12. 答案:A

解析:材料脱离定额的差异 =(材料实际消耗量 - 材料定额消耗量)× 材料计划单价。

三、多项选择题

1. 答案:CD

解析:预防性控制是指为防范风险、错弊和非法行为的发生,或减少其发生机会所进行的控制,如职责分离、授权批准等。选项 A、B 属于侦察性控制的措施。

2. 答案:CD

解析:选项 A、B 属于直接人工效率差异形成的原因。

3. 答案:ABC

解析:财务控制是一种价值控制,所以选项 A 正确;财务控制是一种综合控制,可以将不同业务综合起来进行控制,所以选项 B 正确;财务日常控制以控制日常现金流量为目的,所以选项 C 正确;财务控制以财务预算为目标,所以选项 D 不对。

4. 答案:ABCD

解析:按照功能,财务控制可分为预防性控制、侦查性控制、纠正性控制、指导性控制和补偿性控制。

5. 答案:ABCD

解析:从控制标准来看,成本控制的方法有目标成本控制法、定额成本控制法、标准成本控制法、预算控制法和责任成本控制法等。

6. 答案:AB

解析:材料价格差异是在采购过程中形成的,不应由耗用材料的生产部门负责;直接人工工资率差异应归属于人事劳动部门。

7. 答案:BC

解析:在成本差异分析中,变动制造费用耗费差异、直接材料价格差异和直接人工工资率差异属于一个类别,均为"价差"。

8. 答案:BC

解析:节约差异记入账户贷方,会计期末结转差异时从借方转出;超支差异计入账户借方,会计期末结转差异时从贷方转出。

9. 答案:ABCD

解析:变动制造费用开支差异 = 实际工时数 ×(变动制造费用实际分配率 - 变动制造费用标准分配率) = 1400 ×(7700/1400 - 5) = 700(元);变动制造费用效率差异 =(实际工时数 - 标准工时数)× 变动制造费用标准分配率 =(1400 - 500 ×3)×5 = -500(元);固定制造费用效率差异 =(实际工时数 - 标准工时数)× 固定制造费用标准分配率 =(1400 - 500 ×3)×2 = -200(元);固定制造费用开支差异 = 实际固定制造费用 - 预算固定制造费用 = 3500 - 1620 ×2 = 260(元)。

10. 答案:BCD

解析:标准成本一般包括基本标准成本、理想标准成本和正常标准成本等种类。

四、判断题

1. 答案:错

解析:按照财务控制的内容,可分为一般控制和应用控制两类,一般控制并不直接作用于财务活动,而是通过应用控制对企业财务活动产生影响。

2. 答案:错

解析:固定制造费用能量差异是根据预算工时数与实际工时数的差额,乘以固定制造费用标准分配率计算得出的。

3. 答案:错

解析:材料价格差异 = 实际用量 ×(实际价格 - 标准价格);材料用量差异 =(实际用量 - 标准用量)× 标准价格。由此可见,在材料成本差异分析中,价格差异是根据单价偏差乘以“实际”用量计算的，而用量差异却是根据用量偏差乘以“标准”价格计算的。

4. 答案：对

解析：正常标准成本考虑了难以避免的损耗，所以大于理想标准成本；正常标准成本应低于历史平均水平以体现激励性。

5. 答案：对

解析：变动制造费用效率差异形成原因与人工效率差异形成原因是相同的，都是由于工时利用方面的有关原因形成的。

6. 答案：对

解析：目标成本＝目标售价×(1－目标利润率)，目标成本控制要求确保制造过程实际消耗的成本乃至用户的使用成本都不允许超越这一范围，这就必须把成本管理的立足点从制造阶段转向制造前阶段。

7. 答案：错

解析：指导性控制是为了实现有利结果而进行的控制，针对某些环节的不足或缺陷而采取的控制措施是补偿性控制。

8. 答案：对

解析：变动成本差异＝实际数量×(实际价格－标准价格)＋(实际数量－标准数量)×标准价格。

9. 答案：对

解析：产品的定额成本是以现行消耗水平为依据计算出来的，是企业现有生产和技术水平下所应达到的成本水平。

10. 答案：对

解析：固定制造费用效率差异＝(实际工时数－标准工时数)×固定制造费用标准分配率，变动制造费用效率差异＝(实际工时数－标准工时数)×变动制造费用标准分配率。由此可见，两者均是由于实际工时脱离标准工时而产生的。

五、简答题

答案及解析：略

六、计算分析题

1. 答案及解析：

变动制造费用开支差异＝实际工时×(变动制造费用实际分配率－变动制造费用标准分配率)

＝1400×(7600/1400－5)

$= 600$（元）

变动制造费用效率差异 = （实际工时 − 标准工时）× 变动制造费用标准分配率

$= (1400 - 500 \times 3) \times 5$

$= -500$（元）

借：生产成本　　7500

　变动制造费用开支差异　　600

　贷：变动制造费用效率差异　　500

　　变动制造费用　　7600

2．答案及解析：

（1）$B = 855 - 450 - 135 - 90 = 180$（元/件）

$A = \frac{180}{4} = 45$（小时）

$C = E = 45$（小时）

$D = \frac{135}{45} = 3$（元/小时）

$F = \frac{90}{45} = 2$（元/小时）

（2）本月产品成本差异总额 $= 17550 - 855 \times 20 = 450$（元）

（3）直接材料价格差异 $= (9000/900 - 9) \times 900 = 900$（元）

直接材料用量差异 $= (900 - 20 \times 50) \times 9 = -900$（元）

（4）直接人工工资率差异 $= (3325/950 - 4) \times 950 = -475$（元）

直接人工效率差异 $= (950 - 45 \times 20) \times 4 = 200$（元）

（5）变动制造费用开支差异 $= (2375/950 - 3) \times 950 = -475$（元）

变动制造费用效率差异 $= (950 - 45 \times 20) \times 3 = 150$（元）

（6）固定制造费用开支差异 $= 2850 - 2 \times 1000 = 850$（元）

固定制造费用能量差异 $= (1000 - 950) \times 2 = 100$（元）

固定制造费用效率差异 $= (950 - 20 \times 45) \times 2 = 100$（元）

3．答案及解析：

（1）单位产品的变动制造费用标准成本 $= 2 \times 5 = 10$（元）

单位产品的固定制造费用标准成本 $= 2 \times 8 = 16$（元）

（2）变动制造费用效率差异 $= (21600 - 12000 \times 2) \times 5 = -12000$（元）

变动制造费用开支差异 $= (110160/21600 - 5) \times 21600 = 2160$（元）

（3）固定制造费用开支差异 $= 250000 - 10000 \times 2 \times 8 = 90000$（元）

固定制造费用能量差异 $= (10000 \times 2 - 21600) \times 8 = -12800$（元）

固定制造费用效率差异 = (21600 − 12000 × 2) × 8 = − 19200(元)

4. 答案及解析:

(1) 产品成本差异:

材料价格差异 = (1.6 − 1.5) × 3500 = 350(元)

材料数量差异 = (3250 − 450 × 6) × 1.5 = 825(元)

人工费用约当产量 = 430 + 60 × 50% − 40 × 50% = 440(件)

人工工资率差异 = (8820/2100 − 4) × 2100 = 420(元)

人工效率差异 = (2100 − 440 × 4) × 4 = 1360(元)

变动制造费用开支差异 = (6480/2100 − 3) × 2100 = 180(元)

变动制造费用效率差异 = (2100 − 440 × 4) × 3 = 1020(元)

固定制造费用开支差异 = 3900 − 2000 × 2 = − 100(元)

固定制造费用能量差异 = (2000 − 2100) × 2 = − 200(元)

固定制造费用效率差异 = (2100 − 440 × 4) × 2 = 680(元)

(2) 结转成本差异:

借:营业成本	4535	
固定制造费用开支差异	100	
固定制造费用能量差异	200	
贷:材料价格差异		350
材料数量差异		825
人工工资率差异		420
人工效率差异		1360
变动制造费用耗费差异		180
变动制造费用效率差异		1020
固定制造费用效率差异		680

(3) 期末存货成本:

原材料期末成本 = (3500 − 3250) × 1.5 = 375(元)

在产品期末成本 = 60 × 9 + 60 × 50% × (16 + 12 + 8) = 1620(元)

产成品期末成本 = (30 + 430 − 440) × 45 = 900(元)

企业期末存货成本 = 375 + 1620 + 900 = 2895(元)

第十一章
财务分析

练习题

一、名词解释

1. 财务分析
2. 比较分析法
3. 因素分析法
4. 短期偿债能力
5. 营运能力
6. 盈利能力
7. 每股收益
8. 财务综合分析
9. 杜邦财务分析体系
10. 综合评分法

二、单项选择题

1. 下列指标中,属于效率比率的是(　　)

A. 流动比率　　B. 净资产收益率

C. 资产负债率　　D. 流动资产占总资产的比例

2. 某企业 2008 年度的经营活动现金净流量为 1800 万元,年末流动资产为 4800 万元,流动比率为 2,则现金流动负债比为(　　)。

A. 1.25　　B. 0.75　　C. 0.25　　D. 0.85

3. 下列各项中,不会影响流动比率的业务是(　　)。

A. 用现金购买短期债券　　B. 用现金购买固定资产

C. 用存货进行对外长期投资　　D. 从银行取得长期借款

4. 下列各项中,可能导致企业资产负债率变化的经济业务是(　　)。
   A. 收回应收账款
   B. 用现金购买债券
   C. 接受所有者投资转入的固定资产
   D. 以固定资产对外投资(按账面价值作价)
5. 下列有关每股收益的说法正确的有(　　)
   A. 每股收益,是衡量上市公司盈利能力的财务指标
   B. 每股收益,反映股票所含有的风险
   C. 每股收益多,则意味着每股股利高
   D. 每股收益多的公司市盈率就高
6. 公司目标资金结构是维持权益乘数为1.25的资金结构,则该公司的自有资金占总资金的比重为(　　)。
   A. 80%　　B. 70%　　C. 60%　　D. 50%
7. 某公司的流动资产由速动资产和存货组成,年末流动资产余额为70万元,年末流动比率为2,年末速动比率为1。则年末存货余额为(　　)万元。
   A. 70　　B. 45　　C. 35　　D. 15
8. 某公司已获利息倍数为3,且该公司未发行优先股,债务利息全部为费用化利息,则其财务杠杆系数为(　　)。
   A. 3　　B. 2.5　　C. 2　　D. 1.5
9. 在其他条件不变的情况下,下列经济业务可能导致总资产报酬率上升的是(　　)。
   A. 用现金支付一笔销售费用　　B. 用银行存款购买原材料
   C. 将可转换债券转换为普通股　　D. 用银行存款归还长期借款
10. 某企业本年销售收入为20000元,应收账款周转率为4,期初应收账款为3500元,则期末应收账款余额为(　　)元。
    A. 5000元　　B. 6000元　　C. 6500元　　D. 4000元
11. 某企业上年度和本年度的流动资产平均占用额分别为100万元和120万元,流动资产周转天数分别为60天和45天,则本年度比上年度的营业收入增加了(　　)。
    A. 80万元　　B. 180万元　　C. 320万元　　D. 360万元
12. 与产权比率相比,资产负债率评价企业偿债能力的侧重点是(　　)。

A. 提示财务结构的稳健程度

B. 提示债务偿付安全性的资产保障程度

C. 提示权益资本对偿债风险的承受能力

D. 提示负债与权益资本的对应关系

13. 已知经营杠杆系数为2,固定成本为4万元,利息费用为1万元,则已获利息倍数为(　　)。

A. 1　　B. 2　　C. 3　　D. 4

14. 某企业资产总额为50万元,负债的年平均利率8%,权益乘数为2,全年固定成本为8万元,年税后净利润为7.5万元,所得税税率为25%,则该企业的复合杠杆系数为(　　)

A. 2.5　　B. 2　　C. 1.2　　D. 1.67

15. 企业大量增加速动资产可能导致的结果是(　　)。

A. 减少资金的机会成本　　B. 增加资金的机会成本

C. 增加财务风险　　D. 提高流动资产的收益率

16. 在杜邦财务分析体系中,假设其他情况不变,下列说法错误的是(　　)。

A. 权益乘数越大则资产净利率越大

B. 权益乘数越大则权益净利率越大

C. 权益乘数越大则财务风险越大

D. 权益乘数等于资产与所有者权益之比

17. 某企业税后利润为1500万元,所得税税率为25%,支付利息费用400万元,则已获利息倍数为(　　)。

A. 2　　B. 4　　C. 6　　D. 8

18. 在下列财务分析主体中,必须对企业营运能力、偿债能力、盈利能力、获取现金能力及发展能力等方面的信息予以全面了解和关注的是(　　)。

A. 短期投资者　　B. 企业债权人

C. 企业经营者　　D. 税务机关

19. 进行财务分析时,最关心企业是否有足够的支付能力的是(　　)。

A. 企业所有者　　B. 企业债权人

C. 企业经营者　　D. 政府

20. 某企业2007年度总资产净利率为12%,净资产收益率为30%,则资产负债率为(　　)。

A. 2.88%　　B. 40%　　C. 60%　　D. 250%

21. 如果流动负债小于流动资产,则期末以现金偿付一笔短期借款所导致的结果是(　　)。

A. 营运资金减少　　B. 营运资金增加

C. 流动比率降低　　D. 流动比率提高

22. 在下列各项指标中,能够从动态角度反映企业偿债能力的是(　　)。

A. 现金流动负债比　　B. 资产负债率

C. 流动比率　　D. 速动比率

23. 在杜邦财务分析体系中,综合性最强的核心财务比率是(　　)。

A. 净资产收益率　　B. 总资产净利率

C. 总资产周转率　　D. 销售净利率

24. 影响速动比率可信性的最主要因素是(　　)

A. 存货的变现能力　　B. 短期证券的变现能力

C. 产品的变现能力　　D. 应收账款的变现能力

25. 权益乘数表示企业负债程度,权益乘数越低,企业的负债程度(　　)。

A. 越高　　B. 越低　　C. 不确定　　D. 为零

三、多项选择题

1. 某公司当年的经营利润很多,却不能偿还到期债务。为查清原因,应检查的财务比率包括(　　)。

A. 资产负债率　　B. 流动比率

C. 存货周转率　　D. 应收账款周转率

2. 已获利息倍数可以衡量企业的(　　)。

A. 获利能力　　B. 短期偿债能力

C. 长期偿债能力　　D. 发展能力

3. 调整企业的资金结构,提高负债的比例会(　　)。

A. 提高资产负债率　　B. 提高权益乘数

C. 增加企业的财务风险　　D. 增大财务杠杆系数

4. 下列各项中,可能直接影响企业净资产收益率指标的措施有(　　)。

A. 提高销售净利率　　B. 提高资产负债率

C. 提高总资产周转率　　D. 提高流动比率

5. 应收账款周转率提高意味着企业(　　)。

A. 短期偿债能力增强　　B. 坏账损失和收账费用减少

C. 账龄缩短　　D. 流动比率提高

6. 权益乘数在数值上等于(　　)。

A. $\frac{1}{1-\text{产权比率}}$　　B. $\frac{1}{1-\text{资产负债率}}$

C. 1 + 产权比率　　D. $\frac{\text{资产}}{\text{所有者权益}}$

7. 从杜邦财务分析体系中可知,提高净资产收益率的途径在于(　　)。

A. 加强负债管理,降低负债比率

B. 加强成本管理,降低成本费用

C. 加强销售管理,提高销售利润率

D. 加强资产管理,提高资产周转率

8. 在其他条件不变的情况下,会引起总资产周转率指标上升的经济业务是(　　)。

A. 用现金偿还负债务　　B. 用银行存款购入一台设备

C. 借入一笔短期借款　　D. 用银行存款支付一年的电话费

9. 下列属于稀释性潜在普通股的有(　　)。

A. 可转换债券　　B. 认股权证

C. 股票期权　　D. 优先股

10. 下列各项中,可能直接影响企业净资产收益率指标的措施有(　　)。

A. 提高销售净利率　　B. 提高资产负债率

C. 提高总资产周转率　　D. 提高流动比率

11. 一个健全有效的财务综合分析体系必须具备的基本要素包括(　　)。

A. 指标数量多　　B. 指标要素齐全适当

C. 主辅指标功能匹配　　D. 满足多方信息需要

12. 运用比较分析法进行财务分析时,应注意(　　)。

A. 对比口径的一致性　　B. 剔除偶发性项目的影响

C. 应用例外原则　　D. 计算结果的假定性

13. 下列各项中,对资产负债率正确的评价有(　　)。

A. 从债权人角度看,负债比率越大越好

B. 从债权人角度看,负债比率越小越好

C. 从股东角度看,负债比率越高越好

D. 从股东角度看,当全部资本利润率高于债务利息率时,增加债务能获取财务杠杆利益

14. 如果流动比率过高,意味着企业存在以下几种可能(　　)。

A. 存在闲置现金　　B. 存在存货积压

C. 应收账款周转缓慢　　D. 偿债能力很差

15. 若流动比率大于1,则下列结论不一定成立的是(　　)。

A. 速动比率大于1　　B. 营运资金大于零

C. 资产负债率大于1　　D. 短期偿债能力绝对有保障

四、判断题

1. 资产负债率与产权比率指标的基本作用相同。资产负债率侧重反映债务偿付的安全程度,产权比率侧重反映财务结构的稳健程度。这两个指标越大,表明企业的长期偿债能力越强。(　　)

2. 一般而言,企业存货需要量与企业生产及销售的规模成正比,与存货周转一次所需天数成反比。(　　)

3. 权益乘数的高低取决于企业的资金结构,资产负债率越小,权益乘数越大,财务风险越小。(　　)

4. 一般来说,市盈率高,说明投资者对该公司发展前景看好,愿意出较高的价格购买该公司股票,但是市盈率也不是越高越好。(　　)

5. 一般而言,已获利息倍数越大,企业可以偿还债务的可能性也越大。(　　)

6. 若资产增加幅度低于营业收入增长幅度,则会使资产周转率上升,表明企业的营运能力有所提高。(　　)

7. 市盈率指标主要用来估计股票的投资价值与风险。投资者为了选择投资价值高的行业,可以根据不同行业的市盈率选择投资对象。(　　)

8. 某公司今年与上年相比,营业收入增长了10%,净利润增长了8%,资产总额增长了12%,负债总额增长了9%。可以判断,该公司的净资产收益率比上年下降了。(　　)

9. 无论是企业的短期债权人,还是企业的投资者、经营者,都希望流动比率越高越好。(　　)

10. 企业目前的流动比率大于1,本应借记应付账款,却误记应收账款,这种错误会导致流动比率比企业实际的流动比率低。(　　)

11. 每股收益高,意味着股东可以从公司分得较高的股利。(　　)

12. 采用因素分析法时，既可以按照各因素的依存关系排列成一定的顺序并依次替代，也可以任意颠倒顺序，其结果是相同的。 （ ）

13. 某企业产权比率为 0.66，则权益乘数为 1.66。 （ ）

14. 运用比较分析法时，应剔除偶发性项目的影响，使作为分析的数据能够反映正常的经营状况。 （ ）

15. 对企业来说，应加快存货周转，存货周转次数越高越好。 （ ）

五、简答题

1. 运用比较分析法进行财务分析时应注意哪些问题？
2. 运用因素分析法进行财务分析时应注意哪些问题？
3. 简述财务指标分析五个方面内容及其相应的分析指标。
4. 某公司当年的经营利润很多却不能偿还到期债务，为查明原因应检查哪些财务指标？为什么？
5. 简述资产负债率、产权比率和权益乘数的区别与联系。
6. 在运用每股收益分析企业盈利能力时应注意哪些问题？
7. 使用市盈率指标时应注意哪些方面的问题？
8. 在理论上提供了股票最低价值的财务指标是哪个？为什么？
9. 简述杜邦财务分析体系的基本原理。
10. 杜邦财务分析体系有何局限性？应该如何改进？

六、计算题

1. 某公司流动资产由速动资产和存货构成，年初存货为 145 万元，年初应收账款为 125 万元，年末流动比率为 3，年末速动比率为 1.5，存货周转率为 4 次，年末流动资产余额为 270 万元。一年按 360 天计算。

要求：

（1）计算该公司流动负债年末余额；

（2）计算该公司存货年末余额和年平均余额；

（3）计算该公司本年营业成本；

（4）假定本年营业收入为 960 万元，应收账款以外的其他速动资产忽略不计，计算该公司应收账款周转期。

2. 某商业企业 2008 年度营业收入为 2000 万元，营业成本为 1600 万元；年初、年末应收账款余额分别为 200 万元和 400 万元；年初、年末存货余额分别为 200 万元和 600 万元；年末流动比率为 1.2，速动比率为 0.7。假定该企业流动资产由速动资产和存货组成，一年按 360 天计算。

要求：

（1）计算 2008 年应收账款周转天数和存货周转天数；

（2）计算 2008 年末流动负债余额和速动资产余额。

3. 某公司 2008 年初存货成本为 15 万元，年初资产总额为 140 万元，年初资产负债率为 40%。2008 年有关财务指标（均依年末数据计算）为：流动比率 2.1，速动比率 1.1，资产负债率 35%；年末长期负债 42 万元，年末资产总额 160 万元。另外，存货周转率 6 次（存货按平均数计算），流动资产由速动资产和存货构成。2008 年获得营业收入 120 万元，设营业成本均为变动成本，另发生固定成本（不包括利息费用）9 万元，利息费用 10 万元。没有优先股，所得税税率为 25%。

要求：

（1）计算 2008 年年末负债总额、流动负债总额、流动资产总额、存货成本总额、权益乘数、产权比率；

（2）计算 2008 年营业成本、已获利息倍数、总资产周转率和净资产收益率（涉及资产项目的均按平均数计算）。

4. 已知某公司 2008 年会计报表的有关资料如下：

单位：万元

资产负债表项目	年初数	年末数
资产	8000	10000
负债	4500	6000
所有者权益	3500	4000
利润表项目	上年数	本年数
营业收入	（略）	20000
净利润	（略）	500

要求：

（1）计算杜邦财务分析体系中的净资产收益率、总资产净利率、销售净利率、总资产周转率和权益乘数等指标（凡计算指标涉及资产负债表项目数据的，均按年末数计算）；

（2）用文字列出净资产收益率与上述其他各项指标之间的关系式，并用本题数据加以验证。

5. 某公司负债总额为 25 万元，负债的年平均利率为 8%，权益乘数为 2，全年固定成本总额为 18 万元，年净利润为 7.5 万元。所得税率 25%。

要求：

（1）计算该公司的息税前利润；

（2）计算该公司的已获利息倍数、经营杠杆系数、财务杠杆系数和复合杠杆系数；

（3）计算该公司的总资产净利率和净资产收益率。

6. 甲公司 2007 年和 2008 年销售净利率、总资产周转率、权益乘数和净资产收益率如下表所示（资产、权益均用年末数）：

指　标	2008 年	2007 年
销售净利率	13.24%	16.51%
总资产周转率（次）	0.8151	0.9112
权益乘数	1.6106	1.5016
净资产收益率	17.38%	22.59%

要求：

（1）净资产收益率 = 销售净利率 × 总资产周转率 × 权益乘数。运用因素分析法，按销售净利率、总资产周转率和权益乘数的顺序，对甲公司 2008 年度和 2007 年度的净资产收益率进行分析。

（2）依据计算结果，指出存在的问题，并提出应对策略。

7. 已知某公司 2008 年的销售毛利率为 25%，销售和管理费用分别占营业收入的 4% 和 6%，销售净利率为 7.5%；期初存货为 20000 万元，年末流动比率为 2，速动比率为 1，存货周转天数为 90 天，权益乘数为 2.5。公司的所得税税率为 25%。

要求：

（1）根据以上资料完成该公司的利润表和资产负债表；

利润表（2008 年）　　单位：万元

项　目	金　额
营业收入	
营业成本	
销售费用	
管理费用	
财务费用	6800

续表

项 目	金 额
利润总额	
所得税	
净利润	

资产负债表(2008 年 12 月 31 日)　　单位:万元

资 产	金 额	负债及所有者权益	金 额
现金	10000	流动负债	
应收账款		长期负债	
存货		负债合计	
流动资产合计			
固定资产净值		所有者权益	60000
资产总额		负债及所有者权益总额	

（2）计算总资产报酬率和净资产收益率。

8. 乙公司近三年的主要财务数据和财务比率如下：

项 目	2006 年	2007 年	2008 年
销售收入(万元)	4000	4300	3800
资产(万元)	1430	1560	1695
普通股(万元)	100	100	100
留存收益(万元)	500	550	550
所有者权益合计(万元)	600	650	650
流动比率	1.19	1.25	1.20
平均收现期(天)	18	22	27
存货周转率(次)	8	7.5	5.5
产权比率	1.38	1.40	1.61
长期债务/所有者权益比	0.5	0.46	0.46
销售毛利率(%)	20	16.3	13.2
销售净利率(%)	7.5	4.7	2.6
资产周转率(次)	2.8	2.76	2.24
总资产净利率(%)	21	13	6

假设该公司没有营业外收支和投资收益，所得税税率不变。

要求：

（1）分析说明该公司运用资产获利能力的变化及其原因；

（2）分析说明该公司资产、负债和所有者权益的变化及其原因；

（3）如你是财务经理，谈谈新的一年应从哪些方面改善公司的财务状况和经营业绩。

答案及解析

一、名词解释

解释：略

二、单项选择题

1. 答案：B

解析：效率比率是所得与所费的比率。通常，利润与收益、成本或资本对比的比率属于效率比率。

2. 答案：B

解析：$流动负债=\frac{流动资产}{流动比率}=\frac{4800}{2}=2400$（万元）；$现金流动负债比=\frac{经营活动现金净流量}{流动负债}=\frac{1800}{2400}=0.75$。

3. 答案：A

解析：选项A业务会导致流动资产结构发生变化，但不会引起总额的变化，流动负债没有变化，因此，流动比率不变；选项B业务会导致流动资产减少；选项C业务会导致流动资产减少；选项D业务会导致流动资产增加。

4. 答案：C

解析：接受所有者投资转入的固定资产会增加资产总额，但负债不变，从而导致资产负债率下降；选项A、B、D均是资产之间的此增彼减，不会导致资产负债率的变化。

5. 答案：A

解析：每股收益，是衡量上市公司盈利能力最重要的财务指标，它反映普通股的获利水平，但不反映股票所含的风险；每股收益多，不一定意味着多分股利，还要看公司股利分配政策。

6. 答案:A

解析:权益乘数 $=\frac{资产}{所有者权益}$,所以自有资金占总资金的比重为80%。

7. 答案:C

解析:流动比率 $=\frac{流动资产}{流动负债}$,速动比率 $=\frac{流动资产-存货}{流动负债}$,$\frac{流动比率}{速动比率}=\frac{流动资产}{流动资产-存货}=\frac{2}{1}=2$,流动资产 =70 万元,所以,年末存货余额为35 万元。

8. 答案:D

解析:已获利息倍数 $=\frac{EBIT}{I}=3$,因此,财务杠杆系数 $=\frac{EBIT}{EBIT-I}=\frac{3I}{3I-I}=1.5$。

9. 答案:D

解析:用银行存款支付销售费用,一方面使利润减少,另一方面又会使资产减少,有可能导致总资产报酬率下降;选项 B 是资产之间的此增彼减,选项 C 是负债与所有者权益之间的此增彼减,都不会影响资产和利润;选项 D 会使资产减少,从而会使资产报酬率上升。

10. 答案:C

解析:应收账款周转率 $=\frac{20000}{\frac{3500+期末应收账款}{2}}=4$,所以,期末应收账款为6500 元。

11. 答案:D

解析:因为流动资产周转天数分别为 60 天和 45 天,则流动资产周转次数分别为 6 次(360/60)和 8 次(360/45),营业收入分别为 600 万元(6 ×100)和 960 万元(120 ×8),则本年度的营业收入比上年度增加了 360 万元。

12. 答案:B

解析:资产负债率和产权比率具有共同的经济意义,但资产负债率侧重于分析债务偿付安全性的资产保障程度,产权比率侧重于揭示财务结构的稳健程度以及所有者权益对债权人利益的保障程度。

13. 答案:D

解析:因为 $\frac{EBIT+4}{EBIT}=2$,所以,$EBIT=4$ 万元,则已获利息倍数 $=\frac{EBIT}{I}=4$。

14. 答案:B

解析:权益乘数 $=\frac{1}{1-\text{资产负债率}}=2$,则资产负债率 $=50\%$,利息 $=50\times50\%\times8\%=2$(万元),税前利润 $=\frac{7.5}{1-25\%}=10$(万元),息税前利润 = 税前利润 + 利息费用 $=10+2=12$,边际贡献 = 息税前利润 + 固定成本 $=12+8=20$。所以,复合杠杆系数 $=\frac{\text{边际贡献}}{\text{税前利润}}=\frac{20}{10}=2$。

15. 答案:B

解析:增加速动资产尽管可以增加偿还债务的安全性,但却会因现金或应收账款资金占用过多而大大增加企业的机会成本。

16. 答案:A

解析:权益乘数是总资产与所有者权益之比,与资产净利率没有直接的关联。

17. 答案:C

解析:税前利润 $=\frac{1500}{1-25\%}=2000$(万元),息税前利润 $=2000+400=2400$(万元),已获利息倍数 $=\frac{EBIT}{I}=\frac{2400}{400}=6$。

18. 答案:C

解析:为了满足不同利益主体的需要,协调各方面的利益关系,企业经营者需要全面把握包括偿债能力、营运能力、盈利能力、发展能力和获取现金能力等方面的企业经营理财信息。

19. 答案:B

解析:企业所有者主要关心其资本的保值和增值状况;企业经营者对企业经营理财的各个方面的信息都要予以详尽的了解和把握;政府既关注其投资所产生的经济效应,还关注其投资的社会效益;债权人最为关注其债权的安全性,因此非常关心企业是否有足够的支付能力。

20. 答案:C

解析:净资产收益率 = 总资产净利率 × 权益乘数 = 总资产净利率 × $\frac{1}{1-\text{资产负债率}}$,资产负债率 $=1-\frac{12\%}{30\%}=60\%$。

21. 答案:D

解析:流动负债小于流动资产,假设流动资产是300万元,流动负债是200万元,即流动比率是1.5,期末以现金100万元偿付一笔短期借款,则流动资产变为200万元,流动负债变为100万元,所以流动比率变为2(增大)。原营运资金=300-200=100(万元),变化后的营运资金=200-100=100(万元)(不变)。

22. 答案:A

解析:现金流动负债比从现金流量的动态角度对企业的实际偿债能力进行考察,反映了企业经营活动所产生的现金净流量可以在多大程度上保证当期流动负债的偿还。

23. 答案:A

解析:净资产收益率是一个综合性很强的财务比率,是杜邦财务分析体系的核心。

24. 答案:D

解析:速动比率 $=\frac{\text{速动资产}}{\text{流动负债}}$,其中速动资产=货币资金+交易性金融资产+应收账款+应收票据。因此,应收账款的变现能力成为影响速动比率可信性的最主要因素。

25. 答案:B

解析:权益乘数 $=\frac{\text{资产}}{\text{所有者权益}}=\frac{\text{负债}+\text{所有者权益}}{\text{所有者权益}}=\text{产权比率}+1$,权益乘数越低,产权比率也越低,即负债程度越低。

三、多项选择题

1. 答案:BCD

解析:不能偿还到期债务,说明其短期偿债能力弱,应检查短期偿债能力指标及影响短期偿债能力指标的因素。选项B属于短期偿债能力指标,选项C、D属于反映流动资产变现能力指标,会影响短期偿债能力。资产负债率属于长期偿债能力指标,不属于检查范围。

2. 答案:AC

解析:已获利息倍数可以衡量企业获利能力和长期偿债能力的大小。

3. 答案:ABCD

解析:权益乘数与资产负债率是同向变动的,负债比重越高,权益乘数越大。负债比重加大会加大财务风险。

4. 答案:ABC

解析:净资产收益率 = 销售净利率 × 资产周转率 × 权益乘数,可见,选项 A、B、C 是直接影响净资产收益率的指标。

5. 答案:ABC

解析:应收账款周转率提高意味着应收账款的变现质量较好,从而会使收账迅速,账龄缩短,增强资产流动性,提高短期偿债能力,减少收账费用和坏账损失。

6. 答案:BCD

解析:$权益乘数 = \frac{资产}{所有者权益} = \frac{负债 + 所有者权益}{所有者权益} = 产权比率 + 1$,$权益乘数 = \frac{资产}{所有者权益} = \frac{资产}{资产 - 负债} = \frac{1}{1 - 资产负债率}$。

7. 答案:BCD

解析:净资产收益率 = 销售净利率 × 资产周转率 × 权益乘数,权益乘数与负债程度同方向变动。适当开展负债经营可使权益乘数提高,可以给企业带来财务杠杆利益。

8. 答案:AD

解析:选项 A、D 都使企业资产减少,从而会使总资产周转率上升;选项 B 没有影响;选项 C 会使资产增加,因而会使总资产周转率下降。

9. 答案:ABC

解析:稀释性潜在普通股是指假设当期转换为普通股会减少每股收益的潜在普通股,主要包括可转换公司债券、认股权证和股票期权等。

10. 答案:ABC

解析:根据杜邦财务分析体系的分解,净资产收益率 = 销售净利率 × 资产周转率 × 权益乘数,而$权益乘数 = \frac{1}{1 - 资产负债率}$。

11. 答案:BCD

解析:一个健全有效的财务综合分析体系至少应当包括指标要素齐全适当、主辅指标功能匹配、满足多方信息需要三个基本要素。

12. 答案:ABC

解析:计算结果的假定性为运用因素分析法时应注意的问题。

13. 答案:BD

解析:资产负债率是企业负债总额与资产总额的比率。从债权人的立场看,该指标越小越好。从所有者立场看,在全部资本利润率高于借款利息率的情况下,增加债务就能获取财务杠杆利益。

14. 答案:ABC

解析:流动比率过高,意味着流动资产占用过多。但通常情况下,流动比率高,表明企业短期偿债能力强。

15. 答案:ACD

解析:流动比率是流动资产与流动负债之比,若流动比率大于1,则说明流动资产大于流动负债,即营运资金一定大于零。

四、判断题

1. 答案:错

解析:一般情况下,产权比率越低或资产负债率越小,表明企业的长期偿债能力越强。

2. 答案:错

解析:存货周转率 $=\frac{营业成本}{平均存货}$,存货周转天数 $=$ 平均存货 $\times\frac{360}{营业成本}$。一般而言,企业存货需要量与企业生产及销售的规模成正比,与存货周转次数成反比,而与存货周转一次所需天数成正比。

3. 答案:错

解析:权益乘数 $=\frac{1}{1-资产负债率}$。权益乘数与资产负债率是同方向变动的。资产负债率越大,权益乘数越大;资产负债率越小,权益乘数也越小。

4. 答案:对

解析:如果市盈率过高,意味着这种股票具有较高的投资风险。

5. 答案:对

解析:已获利息倍数反映企业获取的收益与所支付债务利息的倍数。已获利息倍数越大,企业无力偿还债务的可能性就越小。

6. 答案:对

解析:因为资产周转率 $=\frac{营业收入}{平均资产}$,所以资产增加幅度低于营业收入增长幅度,则会使资产周转率上升。

7. 答案:错

解析:市盈率不能用于不同行业公司的比较。充满扩展机会的新兴行业市盈率普遍较高,而成熟行业的市盈率普遍较低,这并不说明后者的股票没有投资价值。

8. 答案:对

解析:今年的净资产收益率 $=\dfrac{\text{去年净利润}\times(1+8\%)}{\text{去年资产}\times(1+12\%)-\text{去年负债}\times(1+9\%)}$,小于去年净资产收益率;或由于资产增长了12%,负债只增长了9%,所有者权益增长肯定大于12%,高于净利润8%的增长幅度,因此,净资产收益率必然是下降了。

9. 答案:错

解析:一般情况下,流动比率越高,反映企业短期偿债能力越强,债权人的权益越有保证。但流动比率也不能过高,过高则表明企业流动资产占用较多,会影响资金的使用效率。

10. 答案:对

解析:本应借记应付账款,却误记应收账款,由于流动比率大于1,这种错误会导致流动资产和流动负债比企业实际的值增加,对分母的影响大于对分子的影响,所以会使流动比率比实际值低。

11. 答案:错

解析:股东分得股利的高低与每股收益有关,但更主要的是取决于公司的股利政策。

12. 答案:错

解析:运用因素分析法,要注意因素替代的顺序性,必须按照各因素依存关系,排列成一定的顺序并依次替代,不可随意颠倒。

13. 答案:对

解析:权益乘数 $=\dfrac{\text{资产}}{\text{权益}}=\dfrac{\text{负债}+\text{权益}}{\text{权益}}=\text{产权比率}+1$。

14. 答案:对

解析:在运用比较分析法时,要剔除偶发性项目的影响,使作为分析的数据能反映正常的经营状况。

15. 答案:错

解析:存货过多会浪费资金,存货过少则不能满足生产经营需要,所以存货不是越少越好,因而存货周转次数也不是越高越好。

五、简答题

答案及解析:略

六、计算题

1. 答案及解析:

(1) $流动比率=\frac{流动资产}{流动负债}=\frac{270}{流动负债}=3$

$流动负债年末余额=\frac{270}{3}=90(万元)$

(2) $速动比率=\frac{流动资产-存货}{流动负债}=\frac{270-存货}{90}=1.5$

$存货年末余额=270-90\times1.5=135(万元)$

$存货平均余额=\frac{135+145}{2}=140(万元)$

(3) $存货周转率=\frac{营业成本}{存货平均余额}=\frac{营业成本}{140}=4$

$本年营业成本=140\times4=560(万元)$

(4) $应收账款年末金额=270-135=135(万元)$

$应收账款平均余额=\frac{135+125}{2}=130(万元)$

$应收账款周转期=应收账款平均余额\times\frac{360}{营业收入}=130\times\frac{360}{960}=48.75(天)$

2. 答案及解析:

(1) $应收账款周转天数=\frac{360\times\frac{200+400}{2}}{2000}=54(天)$

$存货周转天数=\frac{360\times\frac{200+600}{2}}{1600}=90(天)$

(2) $\frac{年末流动资产}{年末流动负债}=1.2$

$\frac{年末流动资产-600}{年末流动负债}=0.7$

$\frac{年末流动资产}{年末流动资产-600}=\frac{1.2}{0.7}$

$1.2\times年末流动资产-0.7\times年末流动资产=720$

$年末流动资产=1440(万元)$

$\frac{1440}{流动负债}=1.2$

年末流动负债 = 1200(万元)

年末速动资产 = 1440 - 600 = 840(万元)

3. 答案及解析:

(1) 年末负债总额 = 年末资产总额 × 资产负债率 = 160 × 35% = 56(万元)

流动负债 = 负债总额 - 长期负债 = 56 - 42 = 14(万元)

流动资产 = 流动负债 × 流动比率 = 14 × 2.1 = 29.4(万元)

速动资产 = 流动负债 × 速动比率 = 14 × 1.1 = 15.4(万元)

存货 = 流动资产 - 速动资产 = 29.4 - 15.4 = 14(万元)

$$权益乘数 = \frac{1}{1 - 资产负债率} = \frac{1}{1 - 35\%} = 1.54$$

产权比率 = 权益乘数 - 1 = 1.54 - 1 = 0.54

(2) $年平均存货 = \frac{15 + 14}{2} = 14.5$(万元)

营业成本 = 存货周转率 × 平均存货 = 6 × 14.5 = 87(万元)

息税前利润 = 120 - 87 - 9 = 24(万元)

$$已获利息倍数 = \frac{24}{10} = 2.4$$

$$总资产周转率 = \frac{120}{\frac{140 + 160}{2}} = 0.8(次)$$

净利润 = $(EBIT - I) \times (1 - T) = (24 - 10) \times (1 - 25\%) = 10.5$(万元)

期初所有者权益 = 140 × (1 - 40%) = 84(万元)

期末所有者权益 = 160 × (1 - 35%) = 104(万元)

$$净资产收益率 = \frac{10.5}{\frac{84 + 104}{2}} = 11.17\%$$

4. 答案及解析:

(1) $净资产收益率 = \frac{500}{4000} \times 100\% = 12.5\%$

$$总资产净利率 = \frac{500}{10000} \times 100\% = 5\%$$

$$销售净利率 = \frac{500}{20000} \times 100\% = 2.5\%$$

$$总资产周转率 = \frac{20000}{10000} = 2$$

$$权益乘数 = \frac{10000}{4000} = 2.5$$

(2) 总资产净利率 = 销售净利率 × 总资产周转率 = 2.5% × 2 = 5%

净资产收益率 = 总资产净利率 × 权益乘数 = 5% × 2.5 = 12.5%

净资产收益率 = 销售净利率 × 总资产周转率 × 权益乘数

= 2.5% × 2 × 2.5

= 12.5%

5. 答案及解析:

(1) 税前利润 $=\frac{7.5}{1-25\%}=10$(万元)

债务利息 = 25 × 8% = 2(万元)

息税前利润 = 10 + 2 = 12(万元)

(2) 已获利息倍数 $=\frac{12}{2}=5$(倍)

经营杠杆系数 $=\frac{12+18}{12}=2.5$

财务杠杆系数 $=\frac{12}{12-2}=1.2$

总杠杆系数 = 2.5 × 1.2 = 3

(3) 权益乘数 $=\frac{资产}{权益}=\frac{资产}{资产-负债}=2$

2 ×(资产 − 25)= 资产

资产 = 50 万元

总资产净利率 $=\frac{7.5}{50}=15\%$

净资产收益率 $=\frac{7.5}{50-25}=30\%$

6. 答案及解析:

(1) 净资产收益率差异 = 17.38% − 22.59% = −5.21%

销售净利率下降对净资产收益率的影响 =(13.24% − 16.51%)× 0.9112 × 1.5016

= −4.47%

总资产周转率下降对净资产收益率的影响 = 13.24% ×(0.8151 − 0.9112)× 1.5016

= −1.91%

权益乘数上升对净资产收益率的影响 = 13.24% × 0.8151 ×(1.6106 − 1.5016)

= 1.17%

综合影响 = −4.47% − 1.91% + 1.17% = −5.21%

(2) 从 2008 年与 2007 年比较看,该公司存在的主要问题是销售净利率和总资产周转率下降。公司可从扩大销售收入、控制成本费用、优化资产结构和加速资金周转等方面入手,提升净资产收益率。

7. 答案及解析:

(1) ①利润总额 = 营业收入 - 营业成本 - 管理销售费用 - 财务费用

两边同时除以营业收入,得:

$$\frac{\text{利润总额}}{\text{营业收入}}=\text{销售毛利率}-\frac{\text{管理费用}}{\text{营业收入}}-\frac{\text{销售费用}}{\text{营业收入}}-\frac{\text{财务费用}}{\text{营业收入}}$$

$$\frac{7.5\%}{1-25\%}=10\%=25\%-6\%-4\%-\frac{6800}{\text{营业收入}}$$

营业收入 = 136000(万元)

营业成本 = 营业收入 ×(1 - 毛利率) = 136000 ×(1 - 25%) = 102000(万元)

销售费用 = 136000 × 4% = 5440(万元)

管理费用 = 136000 × 6% = 8160(万元)

利润总额 = 136000 - 102000 - 5440 - 8160 - 6800 = 13600(万元)

所得税 = 13600 × 25% = 3400(万元)

净利润 = 13600 - 3400 = 13600 ×(1 - 25%) = 10200(万元)

利润表(2008年) 单位:万元

项 目	金 额
营业收入	136000
营业成本	102000
销售费用	5440
管理费用	8160
财务费用	6800
利润总额	13600
所得税	3400
净利润	10200

②存货周转率 $=\frac{360}{90}=4$

存货平均余额 $=\frac{\text{营业成本}}{\text{存货周转率}}=\frac{102000}{4}=25500$(万元)

期末存货 = 25500 × 2 - 20000 = 31000(万元)

流动比率 - 速动比率 $=\frac{\text{存货}}{\text{流动负债}}$

$$2-1=\frac{31000}{\text{流动负债}}$$

流动负债 = 31000(万元)

$$\frac{所有者权益+负债}{所有者权益}=\frac{60000+负债}{60000}=2.5$$

负债 = 90000(万元)

长期负债 = 90000 - 31000 = 59000(万元)

$$\frac{流动资产}{流动负债}=\frac{流动资产}{31000}=2$$

流动资产 = 62000(万元)

应收账款 = 62000 - 31000 - 10000 = 21000(万元)

固定资产净值 = 150000 - 92000 = 88000(万元)

资产负债表(2008 年 12 月 31 日)　　单位:万元

资　产	金　额	负债及所有者权益	金　额
现金	10000	流动负债	31000
应收账款	21000	长期负债	59000
存货	31000	负债合计	90000
流动资产合计	62000		
固定资产净值	88000	所有者权益	60000
资产总额	150000	负债及所有者权益总额	150000

(2) $总资产报酬率=\frac{13600+6800}{150000}\times100\%=13.6\%$

$净资产收益率=\frac{10200}{60000}\times100\%=17\%$

8. 答案及解析:

(1) 公司总资产净利率在平稳地下降,说明其运用资产获利能力在降低,其原因是资产周转率和销售净利率都在下降。

资产周转率下降的原因是平均收现期延长和存货周转率下降;销售净利率下降的原因是销售毛利率在下降,尽管大力压缩期间费用,但仍未能改变这种趋势。

(2) 总资产在增加,主要原因是存货和应收账款占用额增加。

负债是筹资主要来源,其中主要是流动负债;所有者权益增加很小,大部分盈余都用于发放股利。

(3) 新的一年里,公司应该从扩大销售、降低存货、降低应收账款、增加留存收益、降低进货成本等方面改善公司的财务状况和经营业绩。

第十二章 业绩评价

练习题

一、名词解释

1. 业绩评价
2. 责任中心
3. 成本中心
4. 利润中心
5. 投资中心
6. 责任报告
7. 经济增加值
8. 平衡计分卡

二、单项选择题

1. 在国资委对中央企业综合绩效评价指标体系中,资产负债率是评价企业(　　)的基本指标。

   A. 获利能力　　B. 资产质量　　C. 债务风险　　D. 经营增长

2. 投资中心的投资额为 10 万元,规定最低投资利润率为 20%,剩余收益为 1 万元,则该中心的投资利润率为(　　)。

   A. 10%　　B. 20%　　C. 30%　　D. 60%

3. 在经济增加值的计算中,税后营业利润等于(1 - 所得税税率)乘以(　　)。

   A. 净利润　　B. 利润总额

   C. 息税前利润　　D. 应纳税所得额

4. 从引进市场机制、营造竞争气氛、促进客观和公平竞争的角度看,制定内部转移价格的最好依据是( )。

A. 市场价格 B. 协商价格 C. 双重价格 D. 成本价格

5. 在确定内部转移价格中的协商价格下限时,可供选择的标准是( )。

A. 市场价格 B. 单位标准成本

C. 单位变动成本 D. 单位制造成本

6. 对成本中心而言,下列各项中,不属于该类中心特点的是( )。

A. 只考核本中心的责任成本 B. 只对本中心的可控成本负责

C. 只对责任成本进行控制 D. 只对直接成本进行控制

7. 在投资中心的主要考核指标中,能使个别投资中心的利益与整个企业的利益统一起来的指标是( )。

A. 投资利润率 B. 可控成本 C. 剩余收益 D. 利润总额

8. 在下列各项中,不属于责任成本基本特征的是( )。

A. 可以预计 B. 可以计量

C. 可以控制 D. 可以对外报告

9. 具有独立或相对独立的收入和生产经营决策权,并对成本、收入和利润负责的责任中心是( )。

A. 成本中心 B. 利润中心 C. 投资中心 D. 预算中心

10. 以责任中心为主体,以其可控成本、收入、利润和投资等为对象编制的预算是( )。

A. 财务预算 B. 全面预算 C. 日常业务预算 D. 责任预算

三、多项选择题

1. 财务业绩定量评价包括( )。

A. 获利能力分析与评判 B. 资产质量分析与评判

C. 债务风险分析与评判 D. 经营增长分析与评判

2. 影响经济增加值的主要因素包括( )。

A. 税后营业利润 B. 投入资本

C. 加权平均资本成本 D. 净利润

3. 下列表述中,正确的说法有( )。

A. 高层次责任中心的不可控成本,对于较低层次的责任中心来说,一定是不可控的

B. 低层次责任中心的不可控成本,对于较高层次责任中心来说,一定是可控的

C. 某一责任中心的不可控成本,对另一个责任中心来说则可能是可控的

D. 某些成本从短期看属不可控成本,从较长期间看,可能又成为可控成本

4. 不适宜作为考核利润中心负责人业绩的指标是(　　)。

A. 利润中心边际贡献总额　　B. 公司利润总额

C. 利润中心可控利润　　D. 利润中心负责人可控利润

5. 甲利润中心常年向乙利润中心提供劳务,在其他条件不变的情况下,如果提高劳务的内部转移价格,可能出现的结果是(　　)。

A. 甲利润中心内部利润增加　　B. 企业利润总额增加

C. 乙利润中心内部利润减少　　D. 企业利润总额不变

6. 以下各项中,属于可控成本必须同时具备的条件是(　　)。

A. 可以预计　　B. 可以计量

C. 可以施加影响　　D. 可以落实责任

7. 下列各项中,属于揭示投资中心特点的表述包括(　　)。

A. 所处的责任层次最高　　B. 具有投资决策权

C. 承担最大的责任感　　D. 较高程度的分权管理

8. 经济增加值与会计利润不同,关于经济增加值,下列表述正确的有(　　)。

A. 经济增加值是指从超过投资者要求的报酬率中得来的价值

B. 经济增加值 = 税后营业利润 - 加权平均资本成本 × 投入资本

C. 经济增加值 = 净利润 - 资本费用

D. 经济增加值 = (投资资本收益率 - 加权平均资本成本) × 投入资本

9. 平衡记分卡的指标体系包括的主要方面有(　　)。

A. 财务　　B. 顾客

C. 内部作业　　D. 创新与学习

10. 下列各项中,属于投资中心考核指标的有(　　)。

A. 投资利润率　　B. 边际贡献总额

C. 可控利润总额　　D. 剩余收益

四、判断题

1. 财务业绩定量评价标准具有行业普遍性和一般性。　　(　　)

2. 经济增加值与会计利润的主要区别在于会计利润扣除了债务利息,而经

济增加值扣除了股权资本费用,不扣除债务利息。 ( )

3. 平衡计分卡是一种实现了财务与非财务指标平衡的综合业绩评价系统。 ( )

4. 引起个别投资中心投资利润率提高的投资,不一定会使整个企业的投资利润率提高;但引起个别投资中心剩余收益增加的投资,则一定会使整个企业的剩余收益增加。 ( )

5. 责任中心是指承担一定经济责任的企业内部责任单位。 ( )

6. 责任报告应当按公司、分厂、车间、班组的层次顺序逐级编制。 ( )

7. 进行责任转账所引起的内部资金流向与产品或劳务的物流方向相反;进行内部结算所引起的内部资金流向与物流方向相同。 ( )

8. 从整个企业的空间范围和很长的时间范围来考察,变动成本和直接成本大多是可控成本,而固定成本和间接成本大多是不可控成本。 ( )

9. 投资中心是最高层次的责任中心,它具有最大的决策权,也承担最大的责任。 ( )

10. 计算经济增加值时,通常需要对报表项目进行调整,以期得到更加准确可行的经济增加值数值。在对各种准备金账户进行调整时,只需将各准备金余额加入资本总额中即可。 ( )

五、简答题

1. 简述国资委对中央企业综合绩效评价的基本内容。
2. 简述国资委对中央企业综合绩效评价中财务业绩定量评价指标体系。
3. 简述国资委对中央企业综合绩效评价中管理业务定性评价指标体系。
4. 责任中心通常具有哪些特征?
5. 什么是可控成本?它必须具备哪四个条件?
6. 责任中心可分为哪几种类型?其业绩考核的指标分别是哪些?
7. 与传统财务评价指标相比,经济增加值指标具有什么优点?
8. 平衡计分卡是如何将组织的日常经营活动与战略相联系的?

六、计算分析题

1. 某企业下设甲投资中心和乙投资中心,要求的总资产息税前利润率为10%。两投资中心均有一投资方案可供选择,预计产生的影响如下表所示:

单位:万元

项　目	甲投资中心		乙投资中心	
	追加投资前	追加投资后	追加投资前	追加投资后
总资产	50	100	100	150
息税前利润	4	8.6	15	20.5
息税前利润率	8%		15%	
剩余收益	-1		+5	

要求:

(1) 计算并填列上表中的空白;

(2) 运用剩余收益指标分别就两投资中心是否应追加投资进行决策。

2. 已知某集团公司下设三个投资中心,有关资料如下:

指　标	集团公司	A 投资中心	B 投资中心	C 投资中心
净利润(万元)	34650	10400	15800	8450
净资产平均占用额(万元)	315000	94500	145000	75500
要求的最低投资报酬率	10%			

要求:

(1) 计算该集团公司和各投资中心的投资利润率,并据此评价各投资中心的业绩;

(2) 计算各投资中心的剩余收益,并据此评价各投资中心的业绩。

3. 某集团下设一分公司,其所占用的总资产平均余额为4000万元,其中债务资金为1000万元,平均利息率为10%。2008年实现销售收入5000万元,变动成本率为70%,固定成本为800万元,其中折旧费为200万元。固定成本中只有折旧费是部门经理不可控的,折旧费以外的固定成本为部门经理的可控成本。假设该公司股东要求的最低净资产利润率为11%,所得税税率为25%。

要求:

(1) 若该分公司为利润中心,计算该利润中心负责人可控利润总额和该利润中心可控利润总额;

(2) 若该分公司为投资中心,计算该投资中心的投资利润率和剩余收益。

4. A公司的投资资本为3000万元,其中有息债务1200万元,股权资本1800万元,债务利息率为8%,本年息税前利润为500万元。公司所得税税率为25%,公司的β为1.5,市场平均风险股票收益率为12%,无风险收益率为6%。

要求:计算该公司该年的经济增加值。

5. B公司是一家集团公司下设的子公司,集团公司为了改善业绩评价方法,决定从2009年开始使用经济增加值指标评价子公司业绩。集团公司给B公司下达的2009年至2011年的目标经济增加值是每年188万元。B公司测算的未来3年主要财务数据如下表所示:

单位:万元

年 份	2008	2009	2010	2011
销售增长率		20%	10%	8%
营业收入	1460.00	1752.00	1927.00	2081.16
营业成本	745.00	894.00	983.00	1061.64
销售费用和管理费用	219.00	262.00	289.00	312.12
财务费用	68.00	82.00	90.00	97.20
利润总额	428.00	514.00	565.00	610.20
所得税费用	128.40	154.20	169.50	183.06
净利润	299.60	359.80	395.50	427.14
期末短期借款	260.00	312.00	343.16	370.62
期末长期借款	881.00	1057.00	1162.00	1254.96
期末负债合计	1141.00	1369.00	1505.16	1625.58
期末股东权益	1131.00	1357.00	1492.70	1612.12
期末负债和股东权益	2272.00	2726.00	2997.86	3237.70

该公司其他业务收入、投资收益和营业外收支很少,在预测时忽略不计。所得税税率为30%,加权平均资本成本为10%。

要求:

(1)计算该公司2009年至2011年的经济增加值;

(2)该公司哪一年不能达到目标经济增加值?该年的投资资本回报率提高到多少才能达到目标经济增加值?

答案及解析

一、名词解释

解释:略

二、单项选择题

1. 答案:C

解析:企业债务风险状况以资产负债率、已获利息倍数两个基本指标和速动比率、现金流动负债比率、带息负债比率、或有负债比率四个修正指标进行评价。

2. 答案:C

解析:因为,剩余收益 = 利润 - 投资额 × 规定最低投资报酬率,1 = 利润 - 10 × 20%,利润 = 1 + 2 = 3(万元),所以,投资利润率 = $\frac{3}{10}$ = 30%。

3. 答案:C

解析:税后营业利润 = 息税前利润 ×(1 - 所得税税率)。

4. 答案:A

解析:通常市场价格意味着客观公平,意味着在企业内部引进市场机制、营造竞争气氛。

5. 答案:C

解析:协商价格的上限是市价,下限是单位变动成本,具体价格应由各相关责任中心在这一范围内协商议定。

6. 答案:D

解析:成本中心只对可控成本承担责任,有些间接成本也可能是可控成本。

7. 答案:C

解析:选项 A、C 属于考核投资中心的指标,剩余收益可避免本位主义,将个别投资中心的利益与整个企业利益统一起来;使用投资利润率往往会使投资中心只顾自身利益而放弃对整个企业有利的投资机会。

8. 答案:D

解析:责任成本是各成本中心当期确定或发生的各项可控成本之和。作为可控成本必须具备四个条件:可以预计、可以计量、可以施加影响和可以落实责任。责任成本主要用于企业内部控制,不需要满足对外报告的要求。

9. 答案:B

解析:利润中心既对成本负责又对收入和利润负责,它有独立或相对独立的收入和生产经营决策权。

10. 答案:D

解析:责任预算是以责任中心为主体,以其可控成本、收入、利润和投资等为对象编制的预算。

三、多项选择题

1. 答案:ABCD

解析:财务业绩定量评价是指对企业一定期间的获利能力、资产质量、债务风险和经营增长等四个方面进行定量对比分析和评判。

2. 答案:ABC

解析:经济增加值=税后营业利润-加权平均资本成本×投入资本。

3. 答案:ACD

解析:成本的可控与不可控,随着条件的变化可能相互发生转化。低层次责任中心的不可控成本,对于较高层次责任中心来说,可能是可控的,但不是绝对的。

4. 答案:ABC

解析:在评价利润中心业绩时,有利润中心边际贡献总额、利润中心负责人可控利润、利润中心可控利润和公司利润总额四种选择。其中以利润中心边际贡献总额作为业绩评价依据不够全面,因为部门经理至少可以控制某些可控固定成本。利润中心可控利润更适合评价该部门对企业利润和管理费用的贡献,而不适合于对部门经理的评价。以公司利润总额作为业绩评价依据通常是不合适的。

5. 答案:ACD

解析:内部转移价格的变动会引起企业内部相关利润中心的利润此增彼减,但不会影响企业利润总额。

6. 答案:ABCD

解析:可控成本必须同时具备可以预计、可以计量、可以施加影响和可以落实责任条件。

7. 答案:ABCD

解析:投资中心是最高层次的责任中心,它具有最大的决策权,也承担最大的责任;投资中心的管理特征是较高程度的分权管理。

8. 答案:ABD

解析:经济增加值是指经过调整的税后营业利润减去其现有资产经济价值的机会成本后的余额,所以选项C不对,应该是经济增加值=税后营业利润-资本费用。

9. 答案:ABCD

解析:平衡计分卡通过对财务、顾客、内部作业、创新与学习四个各有侧重又相互影响的方面进行业绩评价。

10. 答案:AD

解析:投资中心的考核主要是剩余收益和投资利润率,边际贡献总额和可控利润总额为利润中心的考核指标。

四、判断题

1. 答案:错

解析:管理业绩定性评价标准具有行业普遍性和一般性;财务业绩定量评价标准包括国内行业标准和国际行业标准。

2. 答案:错

解析:经济增加值与会计利润的主要区别在于经济增加值扣除了股权资本费用,而不仅仅是债务利息;会计利润仅扣除债务利息,而没有扣除股权资本成本。

3. 答案:对

解析:平衡计分卡的独特之处在于它在一个评价系统中通过因果关系链整合了财务指标和非财务指标。

4. 答案:对

解析:投资利润率的决策结果与总公司的目标不一定一致,但剩余收益可以保持部门获利目标与公司总的目标一致。

5. 答案:错

解析:责任中心是指承担一定经济责任,并享有一定权利和利益的企业内部责任单位。

6. 答案:错

解析:责任报告应当自下而上编制。

7. 答案:错

解析:进行责任转账是为了使不应承担损失的责任中心得到赔偿,即卖方对买方提供赔偿,所引起的内部资金流向与产品或劳务的物流方向相同;进行内部结算是为了结算内部经济业务往来,应由买方支付资金给卖方,所引起的内部资金流向与物流方向相反。

8. 答案:错

解析:成本的可控与否与责任中心的权利层次有关。从整个企业的空间范围和很长的时间范围来考察,几乎所有的成本都是可控的。对一个成本中心来说,变动成本和直接成本大多是可控成本,而固定成本和间接成本大多是不可控成本。

9. 答案:对

解析:投资中心是最高层次的责任中心,它具有最大的决策权,也承担最大的责任。

10. 答案:错

解析:在对各种准备金账户进行调整时,应将各准备金余额加入资本总额之中,同时将准备金余额的当期变化加入税后营业利润。

五、简答题

答案及解析:略

六、计算分析题

1. 答案及解析:

(1) 填列表格如下:

单位:万元

项　目	甲投资中心		乙投资中心	
	追加投资前	追加投资后	追加投资前	追加投资后
总资产	50	100	100	150
息税前利润	4	8.6	15	20.5
息税前利润率	8%	$\frac{8.6}{100}\times100\%=8.6\%$	15%	$\frac{20.5}{150}\times100\%=13.67\%$
剩余收益	-1	$8.6-100\times10\%=-1.4$	+5	$20.5-150\times10\%=5.5$

(2) 由于甲投资中心追加投资后将降低剩余收益,故不应追加投资;乙投资中心追加投资后可提高剩余收益,故可追加投资。

2. 答案及解析:

(1) 投资利润率:

$$\text{集团公司投资利润率}=\frac{34650}{315000}\times100\%=11\%$$

$$\text{A 投资中心的投资利润率}=\frac{10400}{94500}\times100\%=11.01\%$$

$$\text{B 投资中心的投资利润率}=\frac{15800}{145000}\times100\%=10.90\%$$

$$\text{C 投资中心的投资利润率}=\frac{8450}{75500}\times100\%=11.19\%$$

评价:C 投资中心业绩最优,B 投资中心业绩最差。

（2）剩余收益：

A 投资中心的剩余收益 = 10400 − 945000 × 10% = 950（万元）

B 投资中心的剩余收益 = 15800 − 145000 × 10% = 1300（万元）

C 投资中心的剩余收益 = 8450 − 75500 × 10% = 900（万元）

评价：B 投资中心业绩最优，C 投资中心业绩最差。

3. 答案及解析：

（1）利润中心边际贡献总额 = 5000 ×（1 − 70%）= 1500（万元）

利润中心负责人可控利润 = 1500 −（800 − 200）= 900（万元）

利润中心可控利润 = 900 − 200 = 700（万元）

（2）投资利润率 $=\frac{(700-1000\times10\%)\times(1-25\%)}{4000-1000}=\frac{450}{3000}=15\%$

剩余收益 = 450 − 3000 × 11% = 120（万元）

4. 答案及解析：

税后营业利润 = 500 ×（1 − 25%）= 375（万元）

股权资本成本 = 6% + 1.5 ×（12% − 6%）= 15%

加权平均资本成本 = 8% ×（1 − 25%）× 40% + 15% × 60% = 11.4%

经济增加值 = 税后营业利润 − 加权平均资本成本 × 投资资本

= 375 − 3000 × 11.4%

= 33（万元）

5. 答案及解析：

（1）2009 年至 2011 年的经济增加值：

2009 年的经济增加值 = [359.8 + 82 ×（1 − 30%）] −（1141 + 1131）× 10%

= 190（万元）

2010 年的经济增加值 = [395.5 + 90 ×（1 − 30%）] −（1369 + 1357）× 10%

= 185.9（万元）

2011 年的经济增加值 = [427.14 + 97.2 ×（1 − 30%）] −（1505.16 + 1492.7）× 10%

= 195.39（万元）

（2）2010 年不能达到目标经济增加值。

188 =（1369 + 1357）×（投资资本回报率 − 10%）

投资资本回报率 = 16.90%

计算结果表明，该公司 2010 年投资资本回报率要提高到 16.9% 才能达到目标经济增加值。

第十三章
重组清算

练习题

一、名词解释

1. 重组
2. 产权转让
3. 合并
4. 分立
5. 托管
6. 债务重组
7. 企业清算

二、单项选择题

1. 不属于企业重组中重大财务事项的是(　　)。
   A. 清查财产,核实债务,委托会计师事务所进行审计
   B. 制订和审议职工安置方案
   C. 与债权人协商,制订债务处置或承继方案
   D. 明晰企业产权关系
2. 对资不抵债的企业,如果企业和(　　)不能达成和解,企业将可能根据《企业破产法》的规定实施重整或破产清算。
   A. 股东　B. 财政主管部门　C. 债权人　D. 企业员工
3. (　　)后的企业获得合并前企业的全部资产和经营业务,承担全部债务与责任,同时应当明确合并后企业的产权关系以及各投资者的出资比例。
   A. 解散　B. 合并　C. 重组　D. 清算

4. 依法破产清算的基本程序大致可分为三个阶段：一是破产申请阶段，二是重整、和解阶段，三是(　　)。

A. 债权申报阶段　　B. 办理注销登记阶段

C. 分配方案阶段　　D. 破产清算阶段

5. 企业分立前的债务除非取得(　　)的同意，否则在清偿债务之前，企业不得分立。

A. 股东　　B. 债权人

C. 债务人　　D. 财政主管部门

三、多项选择题

1. 企业重组的类型包括(　　)。

A. 改制　　B. 产权转让　　C. 合并　　D. 分立

2. 与其他企业重组方式相比，企业托管具有的特点有(　　)。

A. 不涉及产权变动

B. 是一种以信用为基础的托管关系

C. 具有过渡性

D. 是一个企业分成两个或者两个以上企业的经济行为

3. 企业合并的动因主要有(　　)。

A. 获取战略机会　　B. 产生协同效应或合力

C. 创造资本价值　　D. 提高管理效率

4. 收购的对象一般有(　　)。

A. 股权　　B. 债权　　C. 债务　　D. 资产

5. 按原因的不同，企业清算分为(　　)。

A. 解散清算　　B. 破产清算　　C. 普通清算　　D. 特别清算

四、判断题

1. 企业分立前的债务是分立时需要慎重处理的问题，除非取得股东的同意。(　　)

2. 对资不抵债的企业，如果企业和债权人不能达成和解，企业将可能根据《企业破产法》的规定实施重整或破产清算。(　　)

3. 只有合资、合作、联营企业在经营期满后，不再继续经营而解散时才需要进行清算。(　　)

4. 企业法人不能清偿到期债务，并且资产不足以清偿全部债务或者明显缺乏清偿能力的，债务人可以申请破产清算；债务人不能清偿到期债务的，债权人

可以申请破产清算。（　）

5. 债务人被宣告破产后,破产申请受理时属于债务人的全部财产称为破产财产。（　）

6. 破产人无财产可供分配的,管理人应当请求人民法院裁定终结破产程序。（　）

7. 收购是指一家企业购买取得其他企业的产权,使其他企业丧失法人资格或改变法人实体,并取得这些企业决策控制权的经济行为。（　）

五、简答题

1. 简述企业重组的作用与意义。
2. 企业重组中有哪些重大财务事项?
3. 企业分立的主要原因有哪些?
4. 简述企业托管经营的一般程序。
5. 企业清算的主要原因有哪些?
6. 简述企业清算的主要类型。
7. 简述企业清算的一般程序。

答案及解析

一、名词解释

解释:略

二、单项选择题

1. 答案:D

解析:企业重组中重大财务事项有:(1) 清查财产,核实债务,委托会计师事务所进行审计;(2) 制订和审议职工安置方案;(3) 与债权人协商,制订债务处置或承继方案;(4) 进行资产评估;(5) 拟订股权设置方案和资本重组实施方案。

2. 答案:C

3. 答案:B

4. 答案:D

5. 答案:B

三、多项选择题

1. 答案:ABCD

解析:企业重组的类型包括改制、产权转让、合并、分立和托管。

2. 答案:ABC

3. 答案:ABD

解析:创造资本价值是实施企业合并所追求的目标。

4. 答案:AD

5. 答案:AB

解析:CD 是按程序的不同分类。

四、判断题

1. 答案:错

解析:企业分立前的债务是分立时需要慎重处理的问题,除非取得债权人的同意。

2. 答案:对

3. 答案:错

解析:合资、合作、联营企业在经营期满后,不再继续经营而解散;合作企业的一方或多方违反合同、章程而提前终止合作关系解散。无论何种形式的解散,都需要进行清算。

4. 答案:对

5. 答案:错

解析:债务人被宣告破产后,债务人财产称为破产财产,包括破产申请受理时属于债务人的全部财产,以及破产申请受理后至破产程序终结前债务人取得的财产。

6. 答案:对

7. 答案:错

解析:兼并是指一家企业购买取得其他企业的产权,使其他企业丧失法人资格或改变法人实体,并取得这些企业决策控制权的经济行为。

收购是指一家企业购买另一家企业的部分或全部资产、股权,以获得对该企业的控制权。

五、简答题

解释:略

综合练习

综合练习题

1. 已知:某上市公司现有资金10000万元,其中:普通股股本3500万元,长期借款6000万元,留存收益500万元。普通股成本为10.5%,长期借款年利率为8%,有关投资服务机构的统计资料表明,该上市公司股票的系统性风险是整个股票市场风险的1.5倍。目前整个股票市场平均收益率为8%,无风险报酬率为5%。假设公司适用的所得税税率为33%。

公司拟通过再筹资发展甲、乙两个投资项目。有关资料如下:

资料一:甲项目投资额为1200万元,经测算,甲项目的资本收益率存在-5%、12%和17%三种可能,三种情况出现的概率分别为0.4、0.2和0.4。

资料二:乙项目投资额为2000万元,经过逐次测试,得到以下数据:当设定折现率为14%和15%时,乙项目的净现值分别为4.9468万元和-7.4202万元。

资料三:乙项目所需资金有A、B两个筹资方案可供选择。A方案:发行票面年利率为12%、期限为3年的公司债券;B方案:增发普通股,股东要求每年股利增长2.1%。

资料四:假定该公司筹资过程中发生的筹资费可忽略不计,长期借款和公司债券均为年末付息,到期还本。

要求:

(1) 指出该公司股票的β系数;

(2) 计算该公司股票的必要收益率;

(3) 计算甲项目的预期收益率;

(4) 计算乙项目的内部收益率;

(5) 以该公司股票的必要收益率为标准,判断是否应当投资于甲、乙项目;

(6) 分别计算乙项目A、B两个筹资方案的资本成本;

(7) 根据乙项目的内部收益率和筹资方案的资本成本,对A、B两个方案的经济合理性进行分析;

(8) 计算乙项目分别采用A、B两个筹资方案再筹资后,该公司的综合资本成本;

(9) 根据再筹资后公司的综合资金成本,对乙项目的筹资方案做出决策。

2. A公司2008年12月31日资产负债表上的长期负债与股东权益的比例为40:60。该公司计划于2009年为一个投资项目筹集资金,可供选择的筹资方式包括向银行申请长期借款和增发普通股。A公司以现有资本结构作为目标结构。其他有关资料如下:

(1) 如果A公司2009年新增长期借款在40000万元以下(含40000万元)时,借款年利息率为6%;如果新增长期借款在40000万—100000万元范围内,年利息率将提高到9%;A公司无法获得超过100000万元的长期借款。银行借款筹资费忽略不计。

(2) 如果A公司2009年度增发的普通股规模不超过120000万元(含120000万元),预计每股发行价为20元;如果增发规模超过120000万元,预计每股发行价为16元。普通股筹资费率为4%(假定不考虑有关法律对公司增发普通股的限制)。

(3) A公司2009年预计普通股股利为每股2元,以后每年增长5%。

(4) A公司适用的企业所得税税率为33%。

要求:

(1) 分别计算下列不同条件下的资本成本:

①新增长期借款不超过40000万元时的长期借款成本;

②新增长期借款超过40000万元时的长期借款成本;

③增发普通股不超过120000万元时的普通股成本;

④增发普通股超过120000万元时的普通股成本。

(2) 计算所有的筹资总额分界点。

(3) 计算A公司2009年最大筹资额。

(4) 根据筹资总额分界点确定各个筹资范围,并计算每个筹资范围内的边际资本成本。

(5) 假定上述项目的投资额为180000万元,预计内部收益率为13%,根据上述计算结果,确定本项筹资的边际资本成本,并作出是否应当投资的决策。

3. 某公司今年年底的所有者权益总额为9000万元,有普通股6000万股。目前的资本结构为长期负债占55%,所有者权益占45%,没有需要付息的流动负债。该公司的所得税率为30%。预计继续增加长期债务不会改变目前的11%的平均利率水平。

董事会在讨论明年资金安排时提出:

(1) 计划年度分配现金股利0.05元/股;

(2) 为新的投资项目筹集4000万元的资金;

(3) 计划年度维持目前的资本结构,并且不增发新股,不举借短期借款。

要求:测算实现董事会上述要求所需要的息税前利润。

4. 某公司年终利润分配前的股东权益项目资料如下:

股本——普通股(每股面值2元,300万股)	600万元
资本公积	180万元
未分配利润	920万元
所有者权益合计	1700万元

公司股票的每股现行市价为25元。

要求:计算回答下述3个互不相关的问题:

(1) 计划按每10股送1股的方案发放股票股利,并按发放股票股利后的股数派发每股现金股利0.2元,股票股利的金额按现行市价计算。计算完成这一分配方案的股东权益各项目数额。

(2) 如若按1股换2股的比例进行股票分割,计算股东权益各项目数额、普通股股数。

(3) 假设利润分配不改变市净率(每股市价/每股净资产),公司按每10股送1股的方案发放股票股利,股票股利按现行市价计算,并按新股数发放现金股利,且希望普通股市价达每股22元,计算每股现金股利应是多少。

5. A公司是一个钢铁企业,拟进入前景看好的汽车制造业。现找到一个投资机会,利用B公司的技术生产汽车零件,并将零件出售给B公司。B公司是一个有代表性的汽车零件生产企业。预计该项目需固定资产投资750万元,可以持续使用五年。会计部门估计每年固定成本(不含折旧)为40万元,使用的变动成本是每件180元,固定资产折旧采用直线法,折旧年限为5年,净残值为50万元(均符合税法的规定)。营销部门估计各年销售量均为40000件,B公司可以接受250元/件的价格。生产部门估计需要250万元的流动资金(假设项目建设期为零)投资。

该公司要求的投资报酬率为10%,所得税税率为25%。

要求:

(1)计算该项目的净现值,并依据计算结果对该项目的财务可行性进行评价;

(2)假如预计的固定成本和变动成本、固定资产残值、流动资金和单价只在±10%以内是准确的,计算这个项目最差情景下的净现值。

(3)分别计算利润为零和净现值为零的年销售量。

6. 某外商投资企业准备投资一生产线用于新产品生产,该生产线的成本为110000元。该企业可以对其折旧方法作出选择,可以选用直线法或年数总和法。税法规定使用年限5年,残值为20000元,所得税率为40%。公司预计该项目尚有6年的使用年限,6年后的净残值预计为0。该生产线投产后,每年预计可以给企业带来10000件的新产品的销量,该产品单位边际贡献为42元(该企业变动成本均为付现成本),固定付现成本为400000元。预计新项目投资的目标资本结构为资产负债率60%,新筹集负债的税前资本成本为9.02%。该公司过去没有投产过类似项目,但新项目与一家上市公司的经营项目类似,该上市公司的β值为2,其资产负债率为50%。目前证券市场的无风险收益率为5%,证券市场的平均收益率为10%。

要求:

(1)通过计算判断公司应采用哪种折旧方法;

(2)根据所选用的折旧方法评价该项目是否可行;

(3)若公司能够对固定成本进行压缩,计算使得该项目可行的最高的固定付现成本。

7. 某企业2008年年末的资产负债表(简表)如下:

单位:万元

项　目	期末数	项　目	期末数
流动资产合计	2400	短期借款	460
长期投资净额	30	应付票据	180
固定资产合计	650	应付账款	250
无形资产及其他资产	120	预提费用	70
		流动负债合计	960

续表

项　目	期末数	项　目	期末数
		长期负债合计	320
		股本	900
		资本公积	350
		留存收益	670
		股东权益合计	1920
资产总计	3200	负债及所有者权益总计	3200

根据历史资料考察，销售收入与流动资产、固定资产、应付票据、应付账款和预提费用等项目成正比，企业 2008 年度销售收入为 4000 万元，净利润为 1000 万元，年末支付现金股利 600 万元，普通股股数为 300 万股，无优先股。假设企业的固定经营成本在 10000 万元的销售收入范围内保持 100 万元的水平不变。

要求：回答以下几个问题：

（1）预计 2009 年度销售收入为 5000 万元，销售净利率与 2008 年相同，董事会提议将股利支付率提高到 66%以稳定股价。如果可从外部融资 200 万元，你认为该提案是否可行？

（2）假设该公司一贯实行固定股利支付率政策，预计 2009 年度销售收入为 5000 万元，销售净利率提高到 30%，采用销售百分比法预测 2009 年外部融资额。

（3）假设该公司股票属于股利固定增长股票，股利固定增长率为 5%，无风险报酬率为 6%，β 系数为 2，股票市场的平均收益率为 10.5%，计算该公司股票的必要收益率和该公司股票在 2009 年 1 月 1 日的价值。

（4）假设按（2）所需资本有两种筹集方式：全部通过增加借款取得，或者全部通过增发普通股取得。如果通过借款补充资本，新增借款的年利息率为 6.5%，2008 年年末借款利息为 0.5 万元；如果通过增发普通股补充资本，预计发行价格为 10 元/股，股利固定增长率为 5%。假设公司的所得税率为 40%，请计算两种新增资本各自的资本成本率和两种筹资方式的每股收益无差别点以及达到无差别点时各自的财务杠杆系数（假设筹资费用可忽略不计）。

（5）结合（4）假设预计追加筹资后的息税前利润为 240 万元，请为选择何种追加筹资方式作出决策并计算两种筹资方式此时各自的经营杠杆系数。

8. A 公司 2008 年实现的税后净利润为 1000 万元，若计划 2009 年有一新投资项目上马，投资所需现金为 800 万元，公司的目标资金结构为自有资金占 60%。

要求：

（1）若公司目前采用的是剩余股利政策，计算企业 2008 年末可发放的股利；

（2）若公司目前发行在外的股数为 1000 万股，计算该公司 2008 年的每股股利与每股利润；

（3）若 2009 年公司计划将公司的股利政策改为逐年增长的股利政策，设股利的逐年增长率为 2%，若投资者要求的必要收益率为 12%，计算 A 公司股票价值。

9. 某公司 2008 年有关资料如下：

2008 年 12 月 31 日　　　　单位：万元

资产	金额	与销售收入的关系	负债及所有者权益	金额	与销售收入的关系
现金	200	变动	应付费用	500	变动
应收账款	2800	变动	应付账款	1300	变动
存货	3000	变动	短期借款（利率 5%）	1200	不变动
长期资产	4000	不变动	公司债券（利息率 8%）	1500	不变动
			股本（每股面值 1 元）	100	不变动
			资本公积	2900	不变动
			留存收益	2500	不变动
合计	10000		合计	10000	

公司 2008 年的销售收入为 10000 万元，销售净利率为 10%，2008 年分配的股利为 800 万元。预计 2009 年的销售收入增长率为 20%，假定销售净利率仍为 10%，所得税税率为 40%，公司采用的是固定股利支付率政策。

要求：

（1）计算 2008 年该公司的息税前利润。

（2）计算 2008 年该公司的总资产报酬率。

（3）预计 2009 年的净利润及其应分配的股利。

（4）按销售百分比法，预测 2009 年需增加的资金以及需从外部追加的资金。

（5）若从外部追加资金，有两个方案可供选择：A，以每股市价 50 元发行普通股股票;B,发行利率为9%的公司债券。计算A、B两个方案的每股利润无差别点(假设追加投资不会影响原有其他条件)。

(6) 若预计追加投资后息税前利润为3000万元,若不考虑风险,确定公司应选用的筹资方案。

10. 已知甲、乙、丙三个企业的相关资料如下:

资料一:甲企业历史上现金占用与销售收入之间的关系如表1所示:

表1 现金与销售收入变化情况表 单位:万元

年度	销售收入	现金占用
2003	10200	680
2004	10000	700
2005	10800	690
2006	11100	710
2007	11500	730
2008	12000	750

资料二:乙企业2008年12月31日资产负债表(简表)如表2所示:

表2 资产负债表

2008年12月31日 单位:万元

资产	
现金	750
应收账款	2250
存货	4500
固定资产净值	4500
资产合计	12000
负债和所有者权益	
应付费用	1500
应付账款	750
短期借款	2750
公司债券	2500
实收资本	3000
留存收益	1500
负债和所有者权益合计	12000

该企业2009年的相关预测数据为：销售收入20000万元，新增留存收益100万元；不变现金总额1000万元，每元销售收入占用变动现金0.05元，其他与销售收入变化有关的资产负债表项目预测数据如表3所示：

表3 现金与销售收入变化情况表 单位：万元

项　目	年度不变资金(a)	每元销售收入所需变动资金(b)
应收账款	570	0.14
存货	1500	0.25
固定资产净值	4500	0
应付费用	300	0.1
应付账款	390	0.03

资料三：丙企业2008年末总股本为300万股，该年利息费用为500万元。假定该部分利息费用在2009年保持不变，预计2009年销售收入为15000万元，预计息税前利润与销售收入的比率为12%。该企业决定于2009年初从外部筹集资金850万元。具体筹资方案有两个：

方案1：发行普通股股票100万股，发行价每股8.5元。2008年每股股利(D_0)为0.5元，预计股利增长率为5%。

方案2：发行债券850万元，债券利率10%，适用的企业所得税税率为33%。假定上述两方案的筹资费用均忽略不计。

要求：

(1) 根据资料一，运用高低点法测算甲企业的下列指标：①每元销售收入占用变动现金(保留3位小数)；②销售收入占用不变现金总额。

(2) 根据资料二，为乙企业完成下列任务：①按步骤建立总资产需求模型；②测算2009年资金需求总量；③测算2009年外部筹资量。

(3) 根据资料三，为丙企业完成下列任务：①计算2009年预计息税前利润；②计算每股收益无差别点；③根据每股收益无差别点法作出最优筹资方案决策，并说明理由；④计算方案1增发新股的资本成本。

11. 丁伟是东方咨询公司的一名财务分析师，应邀评估华联商业集团建设新商场对公司股票价值的影响。丁伟根据公司情况做了以下估计：

(1) 公司本年度净收益为200万元，每股支付现金股利2元，新建商场开业后，净收益第一年、第二年均增长15%，第三年增长8%，第四年及以后将保持这一净收益水平；

(2) 该公司一直采用固定支付率的股利政策,并打算今后继续实行该政策;

(3) 公司的β系数为1,如果将新项目考虑进去,β系数将提高到1.5;

(4) 无风险收益率(国库券)为4%,市场要求的收益率为8%;

(5) 公司股票目前市价为23.6元。

丁伟打算利用股利贴现模型,同时考虑风险因素进行股票价值的评估。华联集团公司的一位董事提出,如果采用股利贴现模型,则股利越高,股价越高,所以公司应改变原有的股利政策提高股利支付率。

请你协助丁伟完成以下工作:

(1) 参考固定股利增长贴现模型,分析这位董事的观点是否正确;

(2) 分析股利增加对股票的每股账面价值有何影响;

(3) 评估公司股票价值。

12. A公司2007年的财务数据如下:

收入	2000万元
净利	180万元
股利	54万元
普通股股数	100万股
年末资产总额	2000万元
年末权益乘数	5(负债均为借款,负债平均利率10%)

2008年5月6日某投资者将其持有的A公司发行的可转换债券转换为股票,可转换债券的面值为30万元,转换价格为20元/股。

该公司执行固定股利支付率政策,股利增长率为5%。

要求:

(1) 计算2008年的每股收益、每股净资产;

(2) 假设2008年12月31日的股票价格为20元,计算该股票的预期报酬率;

(3) 计算2008年12月31日该公司股票的市净率。

13. 某公司2008年年初存货成本为15万元,年初全部资产总额为140万元,年初资产负债率为40%。2008年有关财务指标为:流动比率2.1,速动比率1.1,存货周转率6次,资产负债率35%,长期负债42万元,全部资产总额160万元,没有待摊费用。2008年获得销售收入120万元,发生经营管理费用9万元,利息费用10万元。2005年的所有者权益为60万元,假设近三年企业增加的所有者权益均为靠自身努力增加，企业适用的所得税税率为33%。

要求：

（1）计算2008年年末流动负债总额、流动资产总额、存货成本总额、权益乘数、产权比率、总资产周转率；

（2）计算2008年销售成本、已获利息倍数、总资产增长率、资本积累率、资本保值增值率、三年资本平均增长率、总资产报酬率和净资产收益率；

（3）计算2009年的财务杠杆系数；

（4）若公司进行财务综合分析的指标权重与标准值如下表所示，要求填写下表，并利用综合评分法对该企业进行综合评价（综合得分按四舍五入取整）。

选择的指标	权重	标准	2008年指标实际值	实际得分
一、偿债能力指标	20			
资产负债率	12	35%	35%	
已获利息倍数	8	3		
二、盈利能力指标	38			
净资产收益率	25	25%		
总资产报酬率	13	16%		
三、营运能力指标	18			
总资产周转率	9	2		
流动资产周转率	9	5	5	
四、发展能力指标	24			
销售增长率	12	10%	10%	
资本积累率	12	15%		
合计	100			

14. E公司经营多种产品，最近两年的财务报表数据摘要如下（单位：万元）：

	2007年	2008年
利润表数据		
营业收入	10000	30000
销货成本（变动成本）	7300	23560
管理费用（固定成本）	600	800

续表

	2007 年	2008 年
销售费用(固定成本)	500	1200
财务费用(借款利息)	100	2640
税前利润	1500	1800
所得税	500	600
净利润	1000	1200
股利	400	480
资产负债表数据	2007 年末	2008 年末
货币资金	500	1000
应收账款	2000	8000
存货	5000	20000
其他流动资产	0	1000
流动资产合计	7500	30000
固定资产	5000	30000
资产总计	12500	60000
短期借款	1850	15000
应付账款	200	300
其他流动负债	450	700
流动负债合计	2500	16000
长期负债	0	29000
负债合计	2500	45000
股本	9000	13500
盈余公积	900	1100
未分配利润	100	400
所有者权益合计	10000	15000
负债及所有者权益总计	12500	60000

要求：

(1) 计算 E 公司 2008 年主要偿债能力指标、营运能力指标、盈利能力指标，并将计算结果填入下表中；结合所给出的 2007 年数据和行业平均值，对 E 公司偿债能力、营运能力和盈利能力进行评述。

	2007年	2008年	行业平均
偿债能力指标			
流动比率	3.00		2.03
速动比率	1.00		1.09
资产负债率	0.20		0.46
产权比率	0.25		0.85
权益乘数	1.25		1.85
营运能力指标			
总资产周转率	0.80		0.77
流动资产周转率	1.33		1.35
存货周转率	2.00		9.27
应收账款周转率	5.00		10.85
盈利能力指标			
销售毛利率	0.27		0.38
销售净利率	0.10		0.23
净资产收益率	0.10		0.12

(2) 对E公司2008年度和2007年度的净资产收益率进行杜邦财务分析，确定两个年度净资产收益率变动的差额，运用因素分析法按顺序计算确定销售净利率、总资产周转率和权益乘数变动对净资产收益率的影响数额和程度；

(3) 确定E公司2008年和2007年总资产周转天数变动的差额，按顺序计算确定固定资产周转天数和流动资产周转天数变动对总资产周转天数的影响数额(天数)；

(4) 计算E公司2007年和2008年的经营杠杆系数、财务杠杆系数和总杠杆系数。

(提示:为了简化计算和分析，计算各种财务比率时需要的存量指标如资产、所有者权益等，均使用期末数；一年按360天计算。)

15. 甲企业计划出售40%的股票给某跨国公司A公司，这一事件立即引起了国际社会的广泛关注。为此，A公司组成专门的投资评估小组进行可行性研究。经过数月的调查分析，投资评估小组最终否决了这一投资方案，结果使得这个轰动世界的投资方案胎死腹中。投资评估小组着重将甲企业与其同样著名的乙企业进行了比较分析(有关甲乙两企业的财务会计信息如资料1、2、3所示)。

要求：

(1) 计算分析甲乙两企业的偿债能力、营运能力、盈利能力以及市场评价情况(有关本期平均指标用年末数代替)；

(2) 说明投资评估小组否决这一投资方案的理由。

资料1:甲乙两企业××年末资产负债表

甲企业(单位:百万美元)		乙企业(单位:百万美元)	
项　目	金额	项　目	金额
资产:		资产:	
现金	279	现金	2938
应收账款	780	短期投资	515
短期租赁应收款	549	应收账款	2085
存货	7291	短期租赁应收款	14
流动资产小计	8849	存货	3277
厂房及设备	2414	流动资产小计	8829
长期租赁应收款	2072	厂房及设备	5530
其他资产	1506	其他资产	1425
资产总计	14841	资产总计	15784
负债及股东权益:		负债及股东权益:	
负债		负债	
短期应付债款	4600	短期应付债款	5466
客户预付款	2087	客户预付款	667
流动负债小计	6687	其他应付账款	143
长期应付票据	4277	流动负债小计	6276
		长期应付票据	1415
总负债	10964	总负债	7691
股东权益		股东权益	
普通股(68000000股)	68	普通股(180000000股)	1800
资本公积	257	资本公积	583
留存收益	3552	留存收益	5710
股东权益合计	3877	股东权益合计	8093
负债及股东权益合计	14841	负债及股东权益合计	15784

资料2：甲乙两企业××年度利润表

甲企业（单位：百万美元）		乙企业（单位：百万美元）	
营业收入	18448	营业收入	29314
减：营业成本	15750	减：营业成本	24900
营业毛利	2698	营业毛利	4414
减：营业费用	1789	减：营业费用	2460
营业利润	909	营业利润	1954
减：利息费用	485	其他业务利润	263
税前利润	424	减：利息费用	13
所得税费用	169	税前利润	2204
净利润	255	所得税费用	637
普通股每股利润	3.75 美元	净利润	1567
		普通股每股利润	8.71 美元

资料3：当年12月31日甲乙两企业的每股市价分别为18.98美元和83.83美元。

答案及解析

1. 答案及解析：

(1) 该公司股票的β系数为1.5。

(2) 该公司股票的必要收益率=5%+1.5×(8%-5%)=9.5%。

(3) 甲项目的预期收益率=(-5%)×0.4+12%×0.2+17%×0.4=7.2%。

(4) 乙项目的内部收益率$=14\%+\frac{4.9468-0}{4.9468-(-7.4202)}\times(15\%-14\%)=14.4\%$。

(5) 判断是否应当投资于甲、乙项目：

因为甲项目预期收益率7.2%<该公司股票的必要收益率9.5%，乙项目内部收益率14.4%>该公司股票的必要收益率9.5%，所以，不应当投资于甲项目，应当投资于乙项目。

(6) A、B两个筹资方案的资本成本：

A筹资方案的资本成本=12%×(1-33%)=8.04%

B 筹资方案的资本成本 = 10.5% + 2.1% = 12.6%

(7) A、B 两个筹资方案的经济合理性分析：

因为 A 筹资方案的资本成本 8.04% < 乙项目内部收益率 14.4%，B 筹资方案的资本成本 12.6% < 乙项目内部收益率 14.4%，所以，A、B 两个筹资方案在经济上都是合理的。

(8) 再筹资后该公司的综合资本成本：

$$\text{按 A 方案筹资后的综合资本成本} = 10.5\% \times \frac{4000}{12000} + \left(8\% \times \frac{6000}{12000} + 12\% \times \frac{2000}{12000}\right) \times (1-33\%) = 7.52\%$$

$$\text{按 B 方案筹资后的综合资本成本} = (10.5\% + 2.1\%) \times \frac{4000+2000}{12000} + 8\% \times \frac{6000}{12000} \times (1-33\%) = 8.98\%$$

(9) 对乙项目的筹资方案作出决策：

因为按 A 方案筹资后综合资本成本(7.52%) < 按 B 方案筹资后综合资本成本(8.98%)，所以，A 筹资方案优于 B 筹资方案。

2. 答案及解析：

(1) ①新增长期借款不超过 40000 万元时的资本成本 = 6% × (1 − 33%) = 4.02%

②新增长期借款超过 40000 万元时的资本成本 = 9% × (1 − 33%) = 6.03%

③增发普通股不超过 120000 万元时的成本 $= \frac{2}{20 \times (1-4\%)} + 5\% = 15.42\%$

④增发普通股超过 120000 万元时的成本 $= \frac{2}{16 \times (1-4\%)} + 5\% = 18.02\%$

(2) 第一个筹资总额分界点 $= \frac{40000}{40\%} = 100000$(万元)

第二个筹资总额分界点 $= \frac{120000}{60\%} = 200000$(万元)

(3) 2009 年 A 公司最大筹资额 $= \frac{100000}{40\%} = 250000$(万元)

(4) 编制的边际资本成本计算表如下：

序号	筹资总额的范围(万元)	筹资方式	目标资本结构	个别资本成本	边际资本成本
1	0—100000	长期负债 普通股	40% 60%	4.02% 15.42%	1.61% 9.25%
		第一个范围的边际资本成本			10.86%

续表

序号	筹资总额的范围(万元)	筹资方式	目标资本结构	个别资本成本	边际资本成本
2	100000—200000	长期负债 普通股	40% 60%	6.03% 15.42%	2.41% 9.25%
		第二个范围的边际资本成本			11.66%
3	200000—250000	长期负债 普通股	40% 60%	6.03% 18.02%	2.41% 10.81%
		第三个范围的边际资本成本			13.22%

或:第一个筹资范围为0—100000万元,第二个筹资范围为100000万—200000万元,第三个筹资范围为200000万—250000万元。

第一个筹资范围内的边际资本成本 =40% ×4.02% +60% ×15.42% =10.86%

第二个筹资范围内的边际资本成本 =40% ×6.03% +60% ×15.42% =11.66%

第三个筹资范围内的边际资本成本 =40% ×6.03 +60% ×18.02% =13.22%

(5) 因为投资额180000万元处于第二个筹资范围,所以边际资本成本为11.66%,而项目的内部收益率13%高于边际资本成本11.66%,所以应当进行投资。

3. 答案及解析:

因为权益资金的数额是9000万元,占总资金的比重是45%,所以总资金 = 9000/45% =20000(万元),所以负债资金 =20000 ×55% =11000(万元);

新增4000万元,其中权益资金为4000 ×45% =1800(万元),即本期新增加的留存收益;负债资金为4000 ×55% =2200(万元),即本期增加的长期负债。已知本期新增加的留存收益 =1800万元,股利 = 每股股利 × 股数 =0.05 ×6000 =300(万元),所以净利润 =1800 +300 =2100(万元)。税前利润 =2100/(1 -30%) =3000(万元)。所以:

发放现金股利所需税后利润 =0.05 ×6000 =300(万元)

投资项目所需税后利润 =4000 ×45% =1800(万元)

计划年度税后利润 =300 +1800 =2100(万元)

税前利润 =2100/(1 -30%) =3000(万元)

计划年度借款利息 =(原长期借款 + 新增借款) × 利率

=[(9000/45%) ×55% +4000 ×55%] ×11%

=1452(万元)

息税前利润 =3000 +1452 =4452(万元)

4. 答案及解析：

（1）发放股票股利后的普通股数 = 300 × (1 + 10%) = 330(万股)

发放股票股利后的普通股股本 = 2 × 330 = 660(万元)

发放股票股利后的资本公积 = 180 + (25 − 2) × 30 = 870(万元)

现金股利 = 0.2 × 330 = 66(万元)

利润分配后的未分配利润 = 920 − 25 × 30 − 66 = 104(万元)

（2）股票分割后的普通股数 = 300 × 2 = 600(万股)

股票分割后的普通股本 = 1 × 600 = 600(万元)

股票分割后的资本公积 = 180(万元)

股票分割后的未分配利润 = 920(万元)

（3）分派前市净率 = 25/(1700/300) = 4.41(倍)

每股市价 22 元时的每股净资产 = 22/4.41 = 4.99(元)

每股市价 22 元时的全部净资产 = 4.99 × 330 = 1646.7(万元)

每股市价 22 元时的每股现金股利 = (1700 − 1646.7)/330 = 0.16(元)

5. 答案及解析：

（1）初始现金流量 = −750 − 250 = −1000(万元)

固定资产年折旧 = $\frac{750-50}{5}$ = 140(万元)

年营业收入 = 40000 × 250 = 10000000 = 1000(万元)

年付现成本 = 40000 × 180 + 400000 = 7600000 = 760(万元)

营业现金流量 = 1000 × (1 − 25%) − 760 × (1 − 25%) + 140 × 25% = 215(万元)

终结点回收额 = 250 + 50 = 300(万元)

项目净现值 = 215 × (P/A,10%,5) + 300 × (P/F,10%,5) − 1000

= 215 × 3.7908 + 300 × 0.6209 − 1000

= 1.292(万元)

因为投资项目的净现值大于零，方案具有财务可行性。

（2）在最差情景下相关参数如下：

单价 = 250 × (1 − 10%) = 225(元/件)

单位变动成本 = 180 × (1 + 10%) = 198(元/件)

固定成本 = 400000 × (1 + 10%) = 440000(元) = 44(万元)

流动资金投资 = 250 × (1 + 10%) = 275(万元)

残值 = 500000 × (1 − 10%) = 450000(元) = 45(万元)

初始现金流量 = −750 − 275 = −1025(万元)

年营业收入 = 40000 × 225 = 9000000 = 900(万元)

年付现成本 $=40000\times198+440000=8360000=836$（万元）

营业现金流量 $=900\times(1-25\%)-836\times(1-25\%)+140\times25\%=83$（万元）

终结点回收额 $=275+45=320$（万元）

项目净现值 $=83\times(P/A,10\%,5)+320\times(P/F,10\%,5)-1025$

$=83\times3.7908+320\times0.6209-1025$

$=-511.6756$（万元）

（3）①利润为零的销售量 $=(400000+1400000)/(250-180)=25714$（件）

②净现值为零的销售量：

资本投资现值 $=7500000+2500000-(2500000+500000)\times0.6209$

$=10000000-1862700$

$=8137300$（元）

年营业现金净流量 $\times(P/A,10\%,5)=8137300$（元）

年营业现金净流量 $=8137300/3.7908=2146591.748$（元）

$Q\times250\times(1-25\%)-Q\times180\times(1-25\%)-400000\times(1-25\%)+1400000\times25\%=2146591.748$

$52.5\times Q=2096591.748$

$Q=39935$（件）

6. 答案及解析：

（1）若按直线法计提折旧：

每年的折旧 $=\dfrac{110000-20000}{5}=18000$（元）

若按年数总和法计提折旧：

年份	1	2	3	4	5
折旧	30000	24000	18000	12000	6000

项目新筹集负债的税后资本成本 $=9.02\%\times(1-40\%)=5.41\%$

替代上市公司的负债/权益 $=50\%/(1-50\%)=1$

替代上市公司的 $\beta_{资产}=\beta_{权益}/[1+(1-所得税)\times负债/权益]$

$=2/[1+(1-40\%)\times1]$

$=1.25$

甲公司的负债/权益 $=60\%/(1-60\%)=1.5$

甲公司新项目的 $\beta_{权益}=\beta_{资产}\times[1+(1-所得税)\times负债/权益]$

$=1.25\times[1+(1-40\%)\times1.5]$

$=2.375$

股票的资本成本 $=5\%+2.375\times(10\%-5\%)=16.88\%$

加权平均资本成本 = 5.41% × 60% + 16.88% × 40% = 10%

直线法提供的各年折旧抵税流入的现值 = 18000 × 40% × (P/A,10%,5)
= 27293.76(元)

年数总和法提供的各年折旧抵税流入的现值 = 30000 × 40% × (P/F,10%,1) + 24000 × 40% (P/F,10%,2) + 18000 × 40% (P/F,10%,3) + 12000 × 40% (P/F,10%,4) + 6000 × 40% (P/F,10%,5)
= 10909.2 + 7933.44 + 5409.36 + 3278.4 + 1490.16
= 29020.56(元)

由于年数总和法折旧税额减免的现值比直线法的大 1726.8 元,所以该公司应采用年数总和法。

(2)

项　目	现金流量	年限	系数	现值
投资	-110000	0	1	-110000
税后边际贡献	252000	1—6	4.3553	1097535.6
税后的固定付现成本	-240000	1—6	4.3553	-1045272
折旧抵税	略	1—5	略	29020.56
残值净损失抵税	8000	6	0.5645	4516
净现值				-24199.84

由于净现值小于零,所以该方案不可行。

(3) 设每年的固定付现成本为 X,则:

项　目	现金流量	年限	系数	现值
投资	-110000	0	1	-110000
税后边际贡献	252000	1—6	4.3553	1097535.6
税后的固定成本	-X × (1 - 40%)	1—6	4.3553	-X × (1 - 40%) × 4.3553
折旧抵税	略	1—5	略	29020.56
残值净损失抵税	8000	6	0.5645	4516
净现值				0

$-110000 + 1097535.6 - X \times (1 - 40\%) \times 4.3553 + 29020.56 + 4516 = 0$

$X = 390739.28$ 元

7. 答案及解析:

(1) 2008 年的销售净利率 = 1000/4000 = 25%

2008 年的股利支付率 = 600/1000 = 60%

外部融资额 = [(2400 + 650)/4000 − (180 + 250 + 70)/4000] × (5000 − 4000) − 5000 × 25% × (1 − 66%)

= 212.5 万元

股利支付率提高后需要从外部融资 212.5 万元，大于企业的融资能力 200 万元，所以该提案不可行。

(2) 外部融资额 = [(2400 + 650)/4000 − (180 + 250 + 70)/4000] × (5000 − 4000) − 5000 × 30% × (1 − 60%)

= 37.5 万元

(3) 该公司股票的必要收益率 = 6% + 2 × (10.5% − 6%) = 15%

该公司股票在 2008 年年末的每股股利 = 600/300 = 2(元)

该公司股票在 2009 年 1 月 1 日的价值 = 2 × (1 + 5%)/(15% − 5%) = 21(元)

(4) 新增借款的资本成本率 = 6.5% × (1 − 40%) = 3.9%

普通股的资本成本率 = 2 × (1 + 5%)/10 + 5% = 26%

$(EBIT - 0.5) \times (1 - 40\%)/(300 + 3.75)$

$= (EBIT - 0.5 - 37.5 \times 6.5\%) \times (1 - 40\%)/300$

$EBIT = 197.94$(万元)

新增借款筹资在每股收益无差别点时的财务杠杆系数

= 197.94/(197.94 − 0.5 − 37.5 × 6.5%) = 1.02

新增普通股筹资在每股收益无差别点时的财务杠杆系数

= 197.94/(197.94 − 0.5) = 1

(5) 预计追加筹资后的息税前利润 240 万元大于每股收益无差别点时的息税前利润 197.94 万元，所以应该选择借款追加筹资。

普通股筹资的经营杠杆系数 = 借款筹资的经营杠杆系数

$= (EBIT + a)/EBIT = (240 + 100)/240$

$= 1.42$

8. 答案及解析：

(1) 投资所需自有资金 = 800 × 60% = 480(万元)

2008 年末可向投资者发放股利 = 1000 − 480 = 520(万元)

(2) 每股股利 = 520/1000 = 0.52(元/股)

每股利润 = 1000/1000 = 1(元/股)

(3) 股票价值 = 0.52 × (1 + 2%)/(12% − 2%) = 5.3(元/股)

9. 答案及解析：

(1) 利息 = 1200 × 5% + 1500 × 8% = 60 + 120 = 180(万元)

2008 年的 $EBIT = 10000 \times 10\%/(1 - 40\%) + 180 = 1846.67$(万元)

（2） 2008 年的总资产报酬率 = 1846.67/10000 = 18.47%

（3） 预计 2009 年的净利润及其应分配的股利：

销售净利率 = 10%

2008 年的净利润 = 10000 × 10% = 1000（万元）

2008 年股利与净利润的比例 = 800/1000 = 80%

2009 年的预计净利润 = 10000 × (1 + 20%) × 10% = 1200（万元）

2009 年应分配的股利 = 1200 × 80% = 960（万元）

（4） 2009 年需增加的资金 =（变动资产销售百分比 × 新增销售额）-（变动负债销售百分比 × 新增销售额）

= (60% × 2000) - (18% × 2000)

= 840（万元）

从外部追加的资金 =（变动资产销售百分比 × 新增销售额）-（变动负债销售百分比 × 新增销售额）-［计划销售净利率 × 计划销售额 × 留存收益比例］

= (60% × 2000) - (18% × 2000) - [10% × 12000 × (1 - 80%)]

= 1200 - 360 - 240

= 600（万元）

（5） 计算 A、B 两个方案的每股利润无差别点：

目前的利息 = 1200 × 5% + 1500 × 8% = 60 + 120 = 180（万元）

$(EBIT - 180)(1 - 40\%)/(100 + 12) = (EBIT - 180 - 600 \times 9\%)(1 - 40\%)/100$

每股利润无差别点的 $EBIT = 684$（万元）

（6） 确定公司应选用的筹资方案：因为预计 $EBIT = 3000$ 万元，大于每股利润无差别点的 $EBIT = 684$ 万元，所以公司应选用的筹资方案为 B 方案，即发行债券。

10. 答案及解析：

（1） 首先判断高低点，因为本题中 2008 年的销售收入最高，2004 年的销售收入最低，所以高点是 2008 年，低点是 2004 年。

①每元销售收入占用现金 = (750 - 700)/(12000 - 10000) = 0.025

②销售收入占用不变现金总额 = 700 - 0.025 × 10000 = 450（万元）

或

= 750 - 0.025 × 12000 = 450（万元）

（2） ①根据表 3 中列示的资料可以计算总资金需求模型中：

$a=1000+570+1500+4500-300-390=6880$

$b=0.05+0.14+0.25-0.1-0.03=0.31$

所以总资金需求模型为：

$y=6880+0.31x$

②2009 年资金需求总量 $=6880+0.31\times20000=13080$（万元）

③2009 年需要增加的资金 $=6880+0.31\times20000-12000=1080$（万元）

2009 年外部筹资量 $=1080-100=980$（万元）

（3）①2009 年预计息税前利润 $=15000\times12\%=1800$（万元）

②增发普通股方式下的股数 $=300+100=400$（万股）

增发普通股方式下的利息 $=500$（万元）

增发债券方式下的股数 $=300$（万股）

增发债券方式下的利息 $=500+850\times10\%=585$（万元）

每股收益无差别点的 $EBIT=(400\times585-300\times500)/(400-300)=840$（万元）

或者可以通过列式解方程计算，即：

$(EBIT-500)\times(1-33\%)/400=(EBIT-585)\times(1-33\%)/300$

解得：

$EBIT=840$（万元）

③由于 2009 年息税前利润 1800 万元大于每股收益无差别点的息税前利润 840 万元，故应选择方案 2（发行债券）筹集资金，因为此时选择债券筹资方式可以提高企业的每股收益。

④增发新股的资本成本 $=0.5\times(1+5\%)/8.5+5\%=11.18\%$

11. 答案及解析：

（1）该董事的观点是错误的。在固定股利增长模型中 $P_0=\dfrac{D_1}{R-g}$，当股利较高时，在其他条件不变的情况下，股价的确也会较高。但是其他条件不是不变的。如果公司提高了股利支付率，再投资企业的资金会减少，股利增长率 g 就会下降，股价不一定会上升。事实上，如果股东要求的收益率提高，股价也会下降。

（2）股利支付率的提高将使用于留存企业的资金减少，从而会降低股票每股账面价值。

（3）$K=4\%+(8\%-4\%)\times1.5=10\%$

股票价值计算见下表：

年　份	0	1	2	3	4—无穷	合计
每股股利(元)	2	2.3	2.65	2.86	2.86	
现值系数($i=10\%$)		0.9091	0.8264	0.7513		
股利现值(元/股)		2.09	2.19	2.15	6.43	
未来股价(元/股)				28.6		
未来股价现值(元/股)	21.49[=28.6 × (P/F,10%,3)]					
股票价值	27.92					

在上述表格中,1—3 年股利每年都不相等,只能逐个计算;从第四年至无穷大,每年的股利均为 2.86,实际上是永续年金,可以用永续年金的现值公式计算。但必须注意,用永续年金的现值公式计算的现值处于第三年年末,故还应进一步转化到第 0 期。

$$\begin{aligned}\text{股票价值} &= 2.3\times(P/F,10\%,1)+2.65\times(P/F,10\%,2)+2.86\times(P/F,10\%,3)\\&\quad+(2.86/10\%)\times(P/F,10\%,3)\\&=27.92\end{aligned}$$

$$\begin{aligned}\text{或股票价值} &= 2.3\times(P/F,10\%,1)+2.65\times(P/F,10\%,2)+(2.86/10\%)\times(P/F,10\%,2)\\&=27.92\end{aligned}$$

可见,公司股票的内在价值将高于其市价。这一分析表明:采用新项目,公司股价将会上升,它的 β 系数和风险溢价也会上升。

12. 答案及解析:

(1) 由于该公司执行固定股利支付率政策,所以,股利增长率为 5%,则净利润增长率也为 5%。

2008 年的净利润 = 180 × (1 + 5%) = 189(万元)

2008 年年末权益乘数 = 5,则资产负债率为 80%。

2008 年的年末资产总额为 2000 万元,则负债总额为 1600 万元,股东权益为 400 万元。

$$2008\text{ 年末的净资产}=400+30+189\times\frac{180-54}{180}=562.3(\text{万元})$$

注:$\frac{180-54}{180}$为 2007 年留存收益率。

可转换债券转换为股票增加的股数 = 30/20 = 1.5(万股)

2008 年末普通股的加权平均股数 $=100\times\frac{12}{12}+1.5\times\frac{7}{12}=100.875$（万股）

或

$=100\times\frac{5}{12}+101.5\times\frac{7}{12}=100.875$（万股）

2008 年的每股收益 $=189/100.875=1.87$（元）

2008 年的每股净资产 $=\frac{562.3}{100+1.5}=5.54$（元）

注：每股收益的分母用加权平均股数，每股净资产的分母用年末股数。

（2）因为 2008 年末的每股股利 $=\frac{54\times(1+5\%)}{100+1.5}=0.56$（元），即 $D_0=0.56$（元），所以

$$R=\frac{D_0(1+g)}{P}+g=\frac{0.56\times(1+5\%)}{20}+5\%=7.94\%$$

（3）市净率 $=\frac{20}{5.54}=3.61$

13. 答案及解析：

（1）全部负债总额 = 资产 × 资产负债率 = 160 × 35% = 56（万元）

流动负债 = 56 − 42 = 14（万元）

流动资产 = 流动负债 × 流动比率 = 14 × 2.1 = 29.4（万元）

速动资产 = 流动负债 × 速动比率 = 14 × 1.1 = 15.4（万元）

存货成本 = 29.4 − 15.4 = 14（万元）

权益乘数 = 1/(1 − 资产负债率) = 1/(1 − 35%) = 1.5385

产权比率 = 56/(160 − 56) = 53.85%

总资产周转率 $=\frac{120}{(140+160)/2}=0.8$（次）

（2）年平均存货 = (15 + 14)/2 = 14.5（万元）

销售成本 = 存货周转率 × 平均存货 = 6 × 14.5 = 87（万元）

息税前利润 = 120 − 87 − 9 = 24（万元）

已获利息倍数 = 24/10 = 2.4

总资产增长率 = 本年总资产增长额/年初资产总额 = (160 − 140)/140 = 14.29%

净利润 = $(EBIT-\text{I})\times(1-T)$ = (24 − 10) × (1 − 33%) = 9.38（万元）

期初所有者权益 = 140 × (1 − 40%) = 84（万元）

期末所有者权益 = 160 × (1 − 35%) = 104（万元）

资本积累率 = [(104 − 84)/84] × 100% = 23.81%

资本保值增值率 = 104/84 = 123.81%

三年资本平均增长率 $=\left(\sqrt[3]{\frac{104}{60}}-1\right)=20.12\%$

总资产报酬率 $=\frac{24}{(140+160)/2}=16\%$

净资产收益率 $=\frac{9.38}{(84+104)/2}=9.98\%$

（3）财务杠杆系数 $=\frac{24}{24-10}=1.71$

（4）

选择的指标	权重①	标准②	2008 年指标实际值③	实际得分 = ①×③/②
一、偿债能力指标	20			
资产负债率	12	35%	35%	12
已获利息倍数	8	3	2.4	6.4
二、盈利能力指标	38			
净资产收益率	25	25%	9.98%	9.98
总资产报酬率	13	16%	16%	13
三、营运能力指标	18			
总资产周转率	9	2	0.8	3.6
流动资产周转率	9	5	5	9
四、发展能力指标	24			
销售增长率	12	10%	10%	12
资本积累率	12	15%	23.81%	19.05
合计	100			85.03

公司综合评价得分为85.03分。

14. 答案及解析：

（1）

	2007 年	2008 年	行业平均
偿债能力指标			
流动比率	3.00	1.88	2.03
速动比率	1.00	0.56	1.09
资产负债率	0.20	0.75	0.46
产权比率	0.25	3.00	0.85
权益乘数	1.25	4.00	1.85

续表

	2007年	2008年	行业平均
营运能力指标			
总资产周转率	0.80	0.50	0.77
流动资产周转率	1.33	1.00	1.35
存货周转率	2.00	1.50	9.27
应收账款周转率	5.00	3.75	10.85
盈利能力指标			
销售毛利率	0.27	0.21	0.38
销售净利率	0.10	0.04	0.23
净资产收益率	0.10	0.08	0.12

①偿债能力分析:E公司的流动比率、速动比率均呈下降趋势,也低于行业平均值,表明E公司支付到期债务能力不太好;2008年资产负债率迅速上升,达75%,远高于行业平均值,这表明E公司高速扩张的资金主要来源于债务,财务风险较大。

②营运能力分析:E公司总资产周转率低于行业平均水平,表明E公司资产周转速度较慢,管理效率较低。应收账款、存货和流动资产周转率均呈下降趋势,这主要源于存货和应收账款的大幅增加,增加幅度达300%,而公司营业收入的增加幅度只有200%,需要进一步审视采购与销售政策。

③盈利能力分析:E公司无论是销售毛利率,还是销售净利率、净资产收益率,均低于行业平均水平,并且呈下降趋势,表明E公司的盈利能力较差。尤其是销售净利率,与行业平均水平差距甚远,在提高收入的同时,如何控制成本费用是该公司面临的一大问题。

(2) 2008年净资产收益较2007年下降2%(8% - 10% = -2%)。

2007年净资产收益率 = 10% × 0.8 × 1.25 = 10%

替代销售净利率 = 4% × 0.8 × 1.25 = 4%

替代资产周转率 = 4% × 0.5 × 1.25 = 2.5%

替代权益乘数 = 4% × 0.5 × 4 = 8%

销售净利率下降对净资产收益率的影响 = 4% - 10% = -6%

资产周转率下降对净资产收益率的影响 = 2.5% - 4% = -1.5%

权益乘数上升对净资产收益率的影响 = 8% - 2.5% = 5.5%

综合影响 = -6% - 1.5% + 5.5% = -2%

（3）资产周转天数分析：

$$总资产周转天数变动=\frac{360}{0.5}-\frac{360}{0.8}=720-450=270(天)$$

$$固定资产周转天数变动影响=\frac{360}{\frac{30000}{30000}}-\frac{360}{\frac{10000}{5000}}=180(天)$$

$$流动资产周转天数影响=\frac{360}{\frac{30000}{30000}}-\frac{360}{\frac{10000}{7500}}=90(天)$$

（4）风险分析：

$$2007年经营杠杆=\frac{10000-7300}{10000-7300-1100}=\frac{2700}{1600}=1.69$$

$$2007年财务杠杆=\frac{1500+100}{1500}=1.07$$

2007年总杠杆系数 $=1.69\times1.07=1.81$

$$2008年经营杠杆=\frac{30000-23560}{30000-23560-2000}=\frac{6440}{4440}=1.45$$

$$2008年财务杠杆=\frac{1800+2640}{1800}=2.47$$

2009年总杠杆系数 $=1.45\times2.47=3.58$

15．答案及解析：

（1）计算分析甲乙两企业的偿债能力、营运能力、盈利能力以及市场评价情况如下：

	甲企业	乙企业
一、偿债能力指标		
1．流动比率	1.32	1.4
2．速动比率	0.23	0.88
3．资产负债率	74%	49%
4．已获利息倍数	1.87	170.5
二、营运能力指标		
1．应收账款周转期	26天	26天
2．存货周转率	2.16	7.60
3．流动资产周转率	2.08	3.32
4．总资产周转率	1.24	1.86

续表

	甲企业	乙企业
三、盈利能力指标		
1. 营业毛利率	14.6%	15.1%
2. 总资产报酬率	6.1%	14%
3. 净资产收益率	6.6%	19.4%
四、市场评价		
1. 市盈率	5.06	9.63
2. 市净率	0.33	1.86

（2）甲乙两企业的偿债能力、营运能力、盈利能力以及市场评价情况如下：

①偿债能力分析。甲乙企业相比，甲企业尽管流动比率与乙企业相似，但速动比率大大低于乙企业，表明企业短期偿债能力已出现困难。甲企业资产负债率高达74%，相当于乙企业的1.5倍，表明甲企业的长期偿债能力很弱。甲企业的已获利息倍数只有1.87，远不及乙企业的170.5，表明甲企业很可能将出现收不抵支的情况。由此可以得出结论：甲企业的偿债能力已经出现严重危机。

②营运能力分析。甲企业的应收账款周转期与乙企业相同，均只有26天，表明企业收账管理尚无异常。甲企业存货周转率不足乙企业的1/3，表明甲企业可能存在销售困难、存货积压的情况。甲企业的流动资产周转率与总资产周转率明显低于乙企业，表明甲企业的营运能力不如乙企业。由此可见：甲企业的营运能力较低。

③盈利能力分析。甲企业的营业毛利率水平低于乙企业，两者相差不大。甲企业的总资产报酬率大大低于乙企业，可能是甲企业的费用与利息水平较高，大大影响了盈利能力。甲企业的净资产收益率（6.6%）约为乙企业（19.4%）的1/3，说明甲企业的盈利能力很弱。分析结果表明：甲企业的盈利能力也处于较低水平。

④市场评价。甲企业的市盈率（5.06）约为乙企业（9.63）的一半，而甲企业的市价与账面价值比率几乎只有乙企业的1/6，表明市场对甲企业的未来盈利与发展能力的预期很低。

通过以上计算分析可知，甲企业的偿债能力、营运能力、盈利能力与市场评价远不及乙企业，因此，投资评估小组否决了A公司向甲企业投资的方案。

模拟试题

模拟试题(A)

一、单项选择题(本类题共15小题,每小题1分,共15分)

1. 企业实施了一项狭义的资金分配活动,由此而形成的财务关系是(　　)。
   A. 企业与投资者之间的财务关系
   B. 企业与受资者之间的财务关系
   C. 企业与债务人之间的财务关系
   D. 企业与供应商之间的财务关系
2. 在下列各项资金时间价值系数中,与资本回收系数互为倒数关系的是(　　)。
   A. $(P/F,i,n)$　B. $(P/A,i,n)$　C. $(F/P,i,n)$　D. $(F/A,i,n)$
3. 某公司拟发行面值为1000元,不计复利,5年后一次还本付息,票面利率为10%的债券。已知发行时资金市场的年利率为12%,$(P/F,10\%,5)=0.6209$,$(P/F,12\%,5)=0.5674$,则该公司债券的发行价格为(　　)元。
   A. 851.10　B. 907.84　C. 931.35　D. 993.44
4. 相对于发行股票而言,发行公司债券筹资的优点为(　　)。
   A. 筹资风险小　B. 限制条款少
   C. 筹资额度大　D. 资金成本低
5. 企业在选择筹资渠道时,下列各项中需要优先考虑的因素是(　　)。
   A. 资金成本　B. 企业类型　C. 融资期限　D. 偿还方式
6. 如果企业一定期间内的固定生产成本和固定财务费用均不为零,则由上述因素共同作用而导致的杠杆效应属于(　　)。

A. 经营杠杆效应　　B. 财务杠杆效应

C. 复合杠杆效应　　D. 风险杠杆效应

7. 某投资项目的项目计算期为5年,净现值为10000万元,行业基准折现率为10%,5年期、折现率为10%的年金现值系数为3.791,则该项目的年等额净回收额约为(　　)万元。

A. 2000　　B. 2638　　C. 37910　　D. 50000

8. 在证券投资中,通过随机选择足够数量的证券进行组合可以分散掉的风险是(　　)

A. 所有风险　　B. 市场风险

C. 系统性风险　　D. 非系统性风险

9. 持有过量现金可能导致的不利后果是(　　)。

A. 财务风险加大　　B. 收益水平下降

C. 偿债能力下降　　D. 资产流动性下降

10. 在下列股利政策中,股利与利润之间保持固定比例关系,体现风险投资与风险收益对等关系的是(　　)。

A. 剩余政策　　B. 固定股利政策

C. 固定股利支付率政策　　D. 低正常股利加额外股利政策

11. 在下列预算编制方法中,基于一系列可预见的业务量水平编制的、能适应多种情况的预算是(　　)。

A. 弹性预算　　B. 固定预算　　C. 增量预算　　D. 零基预算

12. 在下列各项中,不属于责任成本基本特征的是(　　)。

A. 可以预计　　B. 可以计量

C. 可以控制　　D. 可以对外报告

13. 已知ABC公司加权平均最低投资利润率为20%,其下设的甲投资中心投资额为200万元,剩余收益为20万元,则该中心的投资利润率为(　　)。

A. 40%　　B. 30%　　C. 20%　　D. 10%

14. 某企业2008年营业收入为36000万元,流动资产平均余额为4000万元,固定资产平均余额为8000万元。假定没有其他资产,则该企业2008年的总资产周转率为(　　)次。

A. 3.0　　B. 3.4　　C. 2.9　　D. 3.2

15. 在杜邦财务分析体系中,综合性最强的财务比率是(　　)。

A. 净资产收益率　　B. 总资产净利率

C. 总资产周转率　　D. 营业净利率

二、多项选择题(本类题共 10 题,每小题 2 分,共 20 分)

1. 在下列各项中,可以直接或间接利用普通年金终值系数计算出确切结果的项目有(　　)。

A. 偿债基金　　B. 先付年金终值

C. 永续年金现值　　D. 永续年金终值

2. 在下列各项中,属于证券投资风险的有(　　)。

A. 违约风险　B. 购买力风险　C. 流动性风险　D. 利率风险

3. 下列各项中,属于建立存货经济进货批量基本模型假设前提的有(　　)。

A. 一定时期的进货总量可以较为准确地预测

B. 允许出现缺货

C. 企业现金充足

D. 存货的价格稳定

4. 按照资本保全约束的要求,企业发放股利所需资金的来源包括(　　)。

A. 当期利润　B. 留存收益　C. 原始投资　D. 股本

5. 相对定期预算而言,滚动预算的优点有(　　)。

A. 更加切合实际　　B. 及时性强

C. 预算工作量小　　D. 连续性、完整性和稳定性突出

6. 在下列各项中,能够影响特定投资组合 β 系数的有(　　)。

A. 该组合中所有单项资产在组合中所占比重

B. 该组合中所有单项资产各自的 β 系数

C. 市场投资组合的无风险收益率

D. 该组合的无风险收益率

7. 在下列各种资本结构理论中,支持"负债越多企业价值越大"观点的有(　　)。

A. 代理理论　　B. 净收入理论

C. 净营业收入理论　　D. 修正的 MM 理论

8. 在下列各种情况下,会给企业带来经营风险的有(　　)。

A. 企业举债过度　　B. 原材料价格发生变动

C. 企业产品更新换代周期过长　　D. 企业产品的生产质量不稳定

9. 运用存货模型确定最佳现金持有量时,持有现金的相关成本包括(　　)。

A. 拥有成本　　B. 转换成本　　C. 短缺成本　　D. 管理成本

10. 在边际贡献大于固定成本的情况下,下列措施中有利于降低企业复合风险的有(　　)。

A. 增加产品销量　　B. 提高产品单价

C. 提高资产负债率　　D. 节约固定成本支出

三、判断题(本类题共 10 小题,每小题 1 分,共 10 分)

1. 最优资本结构是使企业筹资能力最强、财务风险最小的资本结构。(　　)

2. 在评价投资项目的财务可行性时,如果静态投资回收期或投资利润率的评价结论与净现值指标的评价结论发生矛盾,应当以净现值指标的结论为准。(　　)

3. 一般情况下,股票市场价格会随着市场利率的上升而下降,随着市场利率的下降而上升。(　　)

4. 企业营运资本余额越大,说明企业风险越小,收益率越高。(　　)

5. 企业发放股票股利会引起每股利润的下降,从而导致每股市价有可能下跌,因而每位股东所持股票的市场价值总额也将随之下降。(　　)

6. 责任成本的内部结转是指由承担损失的责任中心对实际发生或发现损失的其他责任中心进行损失赔偿的财务处理过程;对本部门因其自身原因造成的损失,不需要进行责任结转。(　　)

7. 民营企业与政府之间的财务关系体现为一种投资与受资关系。(　　)

8. 人们在进行财务决策时,之所以选择低风险的方案,是因为低风险会带来高收益,而高风险的方案则往往收益偏低。(　　)

9. 无面值股票的最大缺点是该股票既不能直接代表股份,也不能直接体现其实际价值。(　　)

10. 与发放现金股利相比,股票回购可以提高每股收益,使股价上升或将股价维持在一个合理的水平上。(　　)

四、计算分析题(本类题共 5 小题,1—4 每小题 10 分,第 5 小题 15 分)

1. 已知:某公司 2008 年 12 月 31 日的长期负债及所有者权益总额为 18000 万元,其中,有发行在外的普通股 8000 万股(每股面值 1 元),公司债券 2000 万元(按面值发行,票面年利率为8%,每年年末付息,三年后到期),资本公积4000万元,其余均为留存收益。

2009年1月1日,该公司拟投资一个新的建设项目需追加筹资2000万元,现有A、B两个筹资方案可供选择。A方案为:发行普通股,预计每股发行价格为5元。B方案为:按面值发行票面年利率为8%的公司债券(每年年末付息)。假定该建设项目投产后,2009年度公司可实现息税前利润4000万元。公司适用的所得税税率为33%。

要求:

(1) 计算A方案的下列指标:①增发普通股的股份数;②2009年公司的全年债券利息。

(2) 计算B方案下2009年公司的全年债券利息。

(3) ①计算A、B两方案的每股利润无差别点;②为该公司作出筹资决策。

2. 某企业拟进行一项固定资产投资,该项目的现金流量表(部分)如下:

现金流量表(部分) 单位:万元

项目 \ t	建设期		经营期					合计
	0	1	2	3	4	5	6	
净现金流量	-1000	-1000	100	1000	(B)	1000	1000	2900
累计净现金流量	-1000	-2000	-1900	(A)	900	1900	2900	—
折现净现金流量	-1000	-943.4	89	839.6	1425.8	747.3	705	1863.3

要求:

(1) 计算上表中用英文字母表示的项目的数值。

(2) 计算或确定下列指标:①静态投资回收期;②净现值;③原始投资现值;④获利指数。

(3) 评价该项目的财务可行性。

3. 已知:某公司2009年1—3月实际销售额分别为38000万元、36000万元和41000万元,预计4月份销售额为40000万元。每月销售收入中有70%能于当月收现,20%于次月收现,10%于第三个月收讫,不存在坏账。假定该公司销售的产品在流通环节只需缴纳消费税,税率为10%,并于当月以现金缴纳。该公司3月末现金余额为80万元,应付账款余额为5000万元(需在4月份付清),不存在其他应收应付款项。

4月份有关项目预计资料如下:采购材料8000万元(当月付款70%);工资

及其他支出8400万元(用现金支付);制造费用8000万元(其中折旧费等非付现费用为4000万元);营业费用和管理费用1000万元(用现金支付);预缴所得税1900万元;购买设备12000万元(用现金支付)。现金不足时,通过向银行借款解决。4月末现金余额要求不低于100万元。

要求:根据上述资料,计算该公司4月份的下列预算指标:

(1) 经营性现金流入;

(2) 经营性现金流出;

(3) 现金余缺;

(4) 应向银行借款的最低金额;

(5) 4月末应收账款余额。

4. 已知某集团公司下设三个投资中心,有关资料如下:

指　标	集团公司	A投资中心	B投资中心	C投资中心
净利润(万元)	34650	10400	15800	8450
净资产平均占用额(万元)	315000	94500	145000	75500
规定的最低投资报酬率	10%			

要求:

(1) 计算该集团公司和各投资中心的投资利润率,并据此评价各投资中心的业绩;

(2) 计算各投资中心的剩余收益,并据此评价各投资中心的业绩;

(3) 综合评价各投资中心的业绩。

5. 某公司现有资产总额1000万元,占用在流动资产上的资金为590万元,现拟以年利率10%向银行借入5年期借款210万元购建一台设备,该设备当年投产,投产使用后,年增加销售收入150万元,年增加经营成本59万元。该设备使用期限5年,采用直线折旧法,期满后有残值10万元,经营期内每年计提利息21万元,第5年用税后净利润还本付息。该公司所得税税率为33%。

要求:

(1) 若投资人要求的必要收益率为10%,用净现值法评价该项目是否可行;

(2) 假设借款前综合资金成本率为8%,借款后不影响原有资金的个别成本,计算该公司借款后的综合资金成本率;

(3) 假定借款前总资产报酬率为20%,计算投产后的总资产报酬率;

（4）假定借款前流动负债190万元,若改210万元长期借款为短期借款,然后用于流动资产投资,计算投资后的流动比率。

模拟试题(A)答案及解析

一、单项选择题

1. 答案:A

解析:狭义的分配仅指对企业净利润的分配。企业与投资者之间的财务关系,主要是企业的投资者向企业投入资金,企业向其投资者支付报酬所形成的经济关系。

2. 答案:B

解析:资本回收是指在给定的年限内等额回收初始投入资本或清偿所欠债务的价值指标。年资本回收额的计算是年金现值的逆运算,资本回收系数是年金现值系数的倒数。

3. 答案:A

解析:债券的发行价格 = 1000 ×（1 + 10% × 5）×（P/F,12%,5）= 851.10（元）。

4. 答案:D

解析:债券筹资的优点包括资本成本较低、保证控制权、可以发挥财务杠杆作用,债券筹资的缺点包括筹资风险高、限制条件多、筹资额有限。

5. 答案:A

解析:财务管理的目标是企业价值最大化,企业的加权资本成本最低时的企业价值是最大的,所以企业在选择筹资渠道时应当优先考虑资本成本。

6. 答案:C

解析:如果固定生产成本不为零,则会产生经营杠杆效应,导致息税前利润变动率大于产销业务量的变动率;如果固定财务费用不为零,则会产生财务杠杆效应,导致企业每股利润的变动率大于息税前利润变动率;如果两种杠杆共同起作用,那么销售额稍有变动就会使每股收益发生更大的变动,产生复合杠杆效应。

7. 答案:B

解析:项目的年等额净回收额 = 项目的净现值/年金现值系数 = 10000/3.791。

8. 答案:D

解析:证券投资组合的风险包括非系统性风险和系统性风险。非系统性风险又叫可分散风险或公司特定风险,可以通过投资组合分散掉,当股票种类足够多时,几乎能把所有的非系统性风险分散掉;系统性风险又称不可分散风险或市场风险,不能通过证券组合分散掉。

9. 答案:B

解析:现金属于非盈利资产,现金持有量过多,导致企业的收益水平降低。

10. 答案:C

解析:采用固定股利支付率政策,要求公司每年按固定比例从净利润中支付股利。由于公司的盈利能力在年度间是经常波动的,因此每年的股利也应随着公司收益的变动而变动,保持股利与利润间的一定比例关系,体现风险投资与风险收益的对等。

11. 答案:A

解析:弹性预算又称变动预算或滑动预算。它是指在成本习性分析的基础上,以业务量、成本和利润之间的依存关系为依据,按照预算期可预见的各种业务量水平编制的能够适应多种情况的预算。

12. 答案:D

解析:责任成本是各成本中心当期确定或发生的各项可控成本之和,作为可控成本必须具备四个条件:可以预计、可以计量、可以施加影响和可以落实责任。

13. 答案:B

解析:剩余收益 = 利润 - 投资额 × 公司加权平均的最低投资利润率 = 200 × 投资利润率 - 200 × 20% = 200 × 投资利润率 - 40 = 20,所以,投资利润率 = 30%。

14. 答案:A

解析:总资产周转率 = 营业收入/平均资产总额 = 营业收入/(流动资产平均余额 + 固定资产平均余额) = 36000/(4000 + 8000) = 3.0。

15. 答案:A

解析:在杜邦财务分析体系中,净资产收益率 = 总资产净利率 × 权益乘数 = 营业净利率 × 总资产周转率 × 权益乘数。由此可知,在杜邦财务分析体系中净资产收益率是一个综合性最强的财务比率,是杜邦系统的核心。

二、多项选择题

1. 答案:AB

解析:偿债基金 = 年金终值 × 偿债基金系数 = 年金终值/年金终值系数,所以选项 A 正确;先付年金终值 = 普通年金终值 × $(1+i)$ = 年金 × 普通年金终值系数 × $(1+i)$,所以选项 B 正确。选项 C 和 D 的计算与普通年金终值系数无关,永续年金不存在终值。

2. 答案:ABCD

解析:证券投资风险按风险性质分为系统性风险和非系统性风险,主要包括利率风险、购买力风险、再投资风险、违约风险、流动性风险和破产风险。

3. 答案:ACD

解析:经济进货批量基本模式以如下假设为前提:(1) 企业能够及时补充存货;(2) 集中到货;(3) 不存在缺货现象;(4) 需求数确定;(5) 存货单价不变;(6) 企业现金充足;(7) 所需存货市场供应充足。

4. 答案:AB

解析:资本保全约束要求企业发放的股利或投资分红不得来源于原始投资(或股本),而只能来源于企业当期利润或留存收益。

5. 答案:ABD

解析:与传统的定期预算相比,按滚动预算方法编制的预算具有以下优点:(1) 更加切合实际;(2) 及时性强;(3) 连续性、完整性和稳定性突出。采用滚动预算的方法编制预算的唯一缺点是预算工作量较大。

6. 答案:AB

解析:投资组合的 β 系数受到单项资产的 β 系数和各种资产在投资组合中所占的比重两个因素的影响。

7. 答案:BD

解析:净收入理论认为,负债程度越高,加权平均资金成本就越低,当负债比率达到 100% 时,企业价值达到最大,企业的资金结构最优;修正的 MM 理论认为,由于存在税额庇护利益,企业价值会随着负债程度的提高而增加,于是负债越多,企业价值越大。

8. 答案:BCD

解析:经营风险是指因生产经营方面的原因给企业盈利带来的不确定性。比如:由于原材料供应地的政治经济情况变动,运输路线改变,原材料价格变动,新材料、新设备的出现等因素带来的供应方面的风险;由于产品生产方向不对头,产品更新时期掌握不好,生产质量不合格,新产品、新技术开发试验不成功,生产组织不合理等因素带来的生产方面的风险;由于出现新的竞争对手,消费者爱好发生变化，销售决策失误，产品广告推销不力以及货款回收不及时等因素带来的销售方面的风险。财务风险又称筹资风险，是指由于举债而给企业财务成果带来的不确定性。企业举债过度会给企业带来财务风险，而不是经营风险。

9. 答案：AB

解析：运用存货模型确定最佳现金持有量时，只考虑因持有一定量的现金而产生的持有成本及转换成本，而不予考虑管理费用和短缺成本。

10. 答案：ABD

解析：衡量企业复合风险的指标是复合杠杆系数，复合杠杆系数 = 经营杠杆系数 × 财务杠杆系数，在边际贡献大于固定成本的情况下，A、B、D 均可以导致经营杠杆系数降低，复合杠杆系数降低，从而降低企业复合风险；选项 C 会导致财务杠杆系数增加，复合杠杆系数变大，从而提高企业复合风险。

三、判断题

1. 答案：错

解析：资本结构是指企业各种资金的构成及其比例关系。所谓最优资本结构，是指在一定条件下使企业加权平均资金成本最低、企业价值最大的资金结构。

2. 答案：对

解析：项目投资决策的评价指标包括主要指标、次要指标和辅助指标。净现值、内部收益率、净现值率和获利指数属于主要指标；静态投资回收期为次要指标；投资利润率为辅助指标。当静态投资回收期或投资报酬率的评价结论与净现值等主要指标的评价结论发生矛盾时，应当以主要指标的结论为准。

3. 答案：对

解析：(1) 利率升高时，投资者自然会选择安全又有较高收益的银行储蓄，从而大量资金从证券市场中转移出来，造成证券供大于求，价格下跌；反之，利率下调时，证券会供不应求，其价格必然上涨；(2) 利率上升时，企业资金成本增加，利润减少，从而企业派发的股利将减少甚至发不出股利，这会使股票投资的风险增大，收益减少，从而引起股价下跌；反之，当利率下降时，企业的利润增加，派发给股东的股利将增加，从而吸引投资者进行股票投资，引起股价上涨。

4. 答案：错

解析：营运资本又称营运资金，是指流动资产减去流动负债后的差额。企业营运资本越大，风险越小，但收益率也越低；相反，营运资本越小，风险越大，但收益率也越高。

5. 答案:错

解析:发放股票股利会因普通股股数的增加而引起每股利润的下降,每股市价有可能因此而下跌。但发放股票股利后股东所持股份比例并未改变,因此,每位股东所持有股票的市价价值总额仍能保持不变。

6. 答案:对

解析:责任成本的内部结转又称责任转账,是指在生产经营过程中,对于因不同原因造成的各种经济损失,由承担损失的责任中心对实际发生或发现损失的责任中心进行损失赔偿的账务处理过程。

7. 答案:错

解析:民营企业与政府之间的财务关系体现为一种强制和无偿的分配关系。

8. 答案:错

解析:高收益往往伴有高风险,低收益方案其风险程度往往也较低,究竟选择何种方案,不仅要权衡期望收益与风险,而且还要视决策者对风险的态度而定。对风险比较反感的人可能会选择期望收益较低同时风险也较低的方案,喜欢冒险的人则可能选择风险虽高但同时收益也高的方案。

9. 答案:错

解析:无面值股票是指股票票面不记载每股金额的股票。无面值股票仅表示每一股在公司全部股票中所占有的比例。也就是说,这种股票只在票面上注明每股占公司全部净资产的比例,其价值随公司财产价值的增减而增减。

10. 答案:对

解析:股票回购可减少流通在外的股票数量,相应提高每股收益,降低市盈率,从而推动股价上升或将股价维持在一个合理水平上。

四、计算分析题

1. 答案及解析:

(1) A 方案:

①2009 年增发普通股股份数 = 2000/5 = 400(万股)

②2009 年全年债券利息 = 2000 × 8% = 160(万元)

(2) B 方案:

2009 年全年债券利息 = (2000 + 2000) × 8% = 320(万元)

(3) ①计算每股利润无差别点:

依题意,列以下方程式:

$$\frac{(\overline{EBIT}-160)\times(1-33\%)}{8000+400}=\frac{(\overline{EBIT}-320)\times(1-33\%)}{8000}$$

$\overline{EBIT}=3520$(万元)

②筹资决策:因为预计的息税前利润4000万元>每股利润无差别点3520万元,所以,应当发行公司债券筹集所需资金。

2. 答案及解析:

(1) 计算表中用英文字母表示的项目:

$(A)=-1900+1000=-900$

$(B)=900-(-900)=1800$

(2) 计算或确定指标:

①静态投资回收期:

$$包括建设期的投资回收期=3+\frac{|-900|}{1800}=3.5(年)$$

$$不包括建设期的投资回收期=3.5-1=2.5(年)$$

②净现值=1863.3万元

③原始投资现值=1000+943.4=1943.4(万元)

$$④获利指数=\frac{89+839.6+1425.8+747.3+705}{1943}=1.96$$

(3) 评价该项目的财务可行性:

因为,该项目的净现值1863.3万元>0,获利指数1.96>1,包括建设期的投资回收期3.5年>3年,所以,该项目基本上具有财务可行性。

3. 答案及解析:

(1) 经营性现金流入=36000×10%+41000×20%+40000×70%=39800(万元)

(2) 经营性现金流出=(8000×70%+5000)+8400+(8000-4000)+1000+40000×10%+1900

=29900(万元)

(3) 现金余缺=80+39800-29900-12000=-2020(万元)

(4) 应向银行借款的最低金额=2020+100=2120(万元)

(5) 4月末应收账款余额=41000×10%+40000×30%=16100(万元)

4. 答案及解析:

(1) 投资利润率:

$$集团公司投资利润率=\frac{34650}{315000}\times100\%=10.97\%$$

$$A投资中心的投资利润率=\frac{10400}{94500}\times100\%=11.01\%$$

$$B投资中心的投资利润率=\frac{15800}{145000}\times100\%=10.90\%$$

C 投资中心的投资利润率 $=\dfrac{8450}{75500}\times 100\% = 11.19\%$

评价:C 投资中心业绩最优,B 投资中心业绩最差。

(2) 剩余收益:

A 投资中心的剩余收益 $=10400-94500\times 10\% = 950$(万元)

B 投资中心的剩余收益 $=15800-145000\times 10\% = 1300$(万元)

C 投资中心的剩余收益 $=8450-75500\times 10\% = 900$(万元)

评价:B 投资中心业绩最优,C 投资中心业绩最差。

(3) 综合评价:B 投资中心业绩最优,A 投资中心次之,C 投资中心最差。

5. 答案及解析:

(1) 固定资产折旧 =(210—10)/5 =40(万元)

项目第 1—5 年的净利润 $=[150-(59+40)]\times(1-33\%)$

$=51\times(1-33\%)$

$=34.17$(万元)

$NCF_{1-4}=34.17+40=74.17$(万元)

$NCF_5=34.17+40+10=84.17$(万元)

项目的净现值:

$NPV=74.17\times(P/A,10\%,4)+84.17\times(P/F,10\%,5)-210=77.37$(万元)

净现值为 74.17 万元 >0,所以该项目可行。

(2) 投资后的综合资金成本率 $=8\%\times 1000/(1000+210)+10\%\times(1-33\%)\times[210/(1000+210)]$

$=7.8\%$

(3) 投资后的总资产报酬率 $=\dfrac{1000\times 20\%+51}{1000+210}\times 100\% = 20.74\%$

(4) 投资后的流动比率 $=\dfrac{590+210}{190+210}=2$

模拟试题(B)

一、单项选择题(本类题共15小题,每小题1分,共15分)

1. 下列各项中,能够用于协调企业所有者与企业债权人矛盾的方法是(　　)。

A. 解聘　　B. 接收　　C. 激励　　D. 停止借款

2. 根据资金时间价值理论,在普通年金现值系数的基础上,期数减1、系数加1的计算结果,应当等于(　　)。

A. 递延年金现值系数　　B. 后付年金现值系数
C. 预付年金现值系数　　D. 永续年金现值系数

3. 投资者对某项资产合理要求的最低收益率,称为(　　)。

A. 实际收益率　　B. 必要收益率
C. 预期收益率　　D. 无风险收益率

4. 某公司拟于5年后一次还清所欠债务100000元,假定银行利息率为10%,5年10%的年金终值系数为6.1051,5年10%的年金现值系数为3.7908,则应从现在起每年末等额存入银行的偿债基金为(　　)。

A. 16379.75　　B. 26379.66　　C. 379080　　D. 610510

5. 某上市公司预计未来5年股利高速增长,然后转为正常增长,则下列各项普通股评价模型中,最适宜于计算该公司股票价值的是(　　)。

A. 股利固定模型　　B. 零成长股票模型
C. 两阶段模型　　D. 股利固定增长模型

6. 已知某完整工业投资项目预计投产第一年的流动资产需用数为100万元,流动负债可用数为40万元;投产第二年的流动资产需用数为190万元,流动负债可用数为100万元,则投产第二年新增的流动资金额应为(　　)万元。

A. 150　　B. 90　　C. 60　　D. 30

7. 下列各项中,不属于速动资产的是(　　)。

A. 应收账款　　B. 预付账款　　C. 应收票据　　D. 货币资金

8. 企业评价客户等级,决定给予或拒绝客户信用的依据是(　　)。

A. 信用标准　　B. 收账政策　　C. 信用条件　　D. 信用政策

9. 某企业全年必要现金支付额为2000万元,除银行同意在10月份贷款

500 万元外,其他稳定可靠的现金流入为 500 万元,企业应收账款总额为 2000 万元,则应收账款收现保证率为(　　)。

A. 25%　　B. 50%　　C. 75%　　D. 100%

10. 假定某企业的权益资金与负债资金的比例为 60:40,据此可断定该企业(　　)。

A. 只存在经营风险　　B. 经营风险大于财务风险

C. 经营风险小于财务风险　　D. 同时存在经营风险和财务风险

11. 已知某企业目标资本结构中长期债务的比重为 40%,债务资金的增加额在 0—20000 元范围内,其年利息率维持 10% 不变,则该企业与此相关的筹资总额分界点为(　　)元。

A. 8000　　B. 10000　　C. 50000　　D. 200000

12. 如果上市公司以其应付票据作为股利支付给股东,则这种股利的方式称为(　　)。

A. 现金股利　　B. 股票股利　　C. 财产股利　　D. 负债股利

13. 在下列各项中,不属于财务预算内容的是(　　)。

A. 预计资产负债表　　B. 现金预算

C. 预计利润表　　D. 销售预算

14. 在下列各项内部转移价格中,既能够较好满足供应方和使用方的不同需求又能激励双方积极性的是(　　)。

A. 市场价格　　B. 协商价格

C. 双重价格　　D. 成本转移价格

15. 在下列各项中,能够增加普通股股票发行在外股数,但不改变公司资本结构的行为是(　　)。

A. 支付现金股利　　B. 增发普通股

C. 股票分割　　D. 股票回购

二、多项选择题(本类题共 10 小题,每小题 2 分,共 20 分)

1. 以企业价值最大化作为财务管理目标的优点有(　　)。

A. 有利于社会资源的合理配置

B. 有助于精确估算非上市公司价值

C. 反映了对企业资产保值增值的要求

D. 有利于克服管理上的片面性和短期行为

2. 下列各项中,能够衡量风险的指标有(　　)。

A. 方差　　B. 标准差

C. 期望值　　D. 标准离差率

3. 下列各项中,其数值等于预付年金终值系数的有(　　)。

A. $(P/A,i,n)(1+i)$　　B. $\{(P/A,i,n-1)+1\}$

C. $(F/A,i,n)(1+i)$　　D. $\{(F/A,i,n+1)-1\}$

4. 在计算个别资金成本时,需要考虑所得税抵减作用的筹资方式有(　　)。

A. 银行借款　　B. 长期债券　　C. 优先股　　D. 普通股

5. 根据现有资本结构理论,下列各项中,属于影响资本结构决策因素的有(　　)。

A. 企业资产结构　　B. 企业财务状况

C. 企业产品销售状况　　D. 企业技术人员学历结构

6. 如果某投资项目完全具备财务可行性,且其净现值指标大于零,则可以断定该项目的相关评价指标同时满足以下关系:(　　)。

A. 获利指数大于1

B. 会计收益率大于等于零

C. 内部收益率大于基准折现率

D. 包括建设期的静态投资回收期大于项目计算期的一半

7. 在编制生产预算时,计算某种产品预计生产量应考虑的因素包括(　　)。

A. 预计材料采购量　　B. 预计产品销售量

C. 预计期初产品存货量　　D. 预计期末产品存货量

8. 下列各项中,与净资产收益率密切相关的有(　　)。

A. 销售净利率　　B. 总资产周转率

C. 总资产增长率　　D. 权益乘数

9. 下列各项中,影响认股权证理论价值的主要因素有(　　)。

A. 换股比率　　B. 普通股市价

C. 执行价格　　D. 剩余有效期间

10. 在下列各项中,属于可控成本必须同时具备的条件有(　　)。

A. 可以预计　　B. 可以计量

C. 可以施加影响　　D. 可以落实责任

三、判断题(本类题共 10 小题,每小题 1 分,共 10 分)

1. 在风险分散过程中,随着资产组合中资产数目的增加,分散风险的效应会越来越明显。 ( )

2. 随着折现率的提高,未来某一款项的现值将逐渐增加。 ( )

3. 认股权证的实际价值是由市场供求关系决定的,由于套利行为的存在,认股权证的实际价值通常不等于其理论价值。 ( )

4. 证券组合风险的大小,等于组合中各个证券风险的加权平均数。 ( )

5. 在除息日之前,股利权利从属于股票;从除息日开始,新购入股票的投资者不能分享本次已宣告发放的股利。 ( )

6. 金融性资产的流动性越强,风险性就越大。 ( )

7. 在项目投资决策中,净现金流量是指经营期内每年现金流入量与同年现金流出量之间的差额所形成的序列指标。 ( )

8. 权益乘数的高低取决于企业的资金结构;资产负债率越高,权益乘数越高,财务风险越大。 ( )

9. 市盈率是评价上市公司盈利能力的指标,它反映投资者愿意对公司每股净利润支付的价格。 ( )

10. 为了划定各责任中心的成本责任,使不应承担损失的责任中心在经济上得到合理补偿,必须进行责任转账。 ( )

四、计算分析题(本类题共 5 小题,1—4 每小题 10 分,第 5 小题 15 分)

1. 已知:现行国库券的利率为 5%,证券市场组合平均收益率为 15%,市场上 A、B、C、D 四种股票的 β 系数分别为 0.91、1.17、1.8 和 0.52;B、C、D 股票的必要收益率分别为 16.7%、23% 和 10.2%。

要求:

(1) 采用资本资产定价模型计算 A 股票的必要收益率。

(2) 计算 B 股票价值,为拟投资该股票的投资者作出是否投资的决策,并说明理由。假定 B 股票当前每股市价为 15 元,最近一期发放的每股股利为 2.2 元,预计年股利增长率为 4%。

(3) 计算 A、B、C 投资组合的 β 系数和必要收益率。假定投资者购买 A、B、C 三种股票的比例为 1:3:6。

(4) 已知按 3:5:2 的比例购买 A、B、D 三种股票,所形成的 A、B、D 投资组合的 β 系数为 0.96,该组合的必要收益率为 14.6%。如果不考虑风险大小,请在A、B、C和A、B、D两种投资组合中作出投资决策，并说明理由。

2. 已知：某公司发行票面金额为1000元、票面利率为8%的3年期债券，该债券每年计息一次，到期归还本金，当时的市场利率为10%。

要求：

（1）计算该债券的理论价值。

（2）假定投资者甲以940元的市场价格购入该债券，准备一直持有至期满，若不考虑各种税费的影响，计算到期收益率。

（3）假定该债券约定每季度付息一次，投资者乙以940元的市场价格购入该债券，持有9个月收到利息60元，然后以965元将该债券卖出，计算其持有期年均收益率。

3. 已知：某企业拟进行一项单纯固定资产投资，现有A、B两个互斥方案可供选择，相关资料如下表所示：

价值单位：万元

方案	项目计算期（年） 指标	建设期		运营期	
		0	1	2—11	12
A	固定资产投资	—	—		
	新增息税前利润（每年相等）			—	—
	新增的折旧			100	100
	新增的营业税金及附加			1.5	—
	净现金流量	-1000	0	200	—
B	固定资产投资	500	500		
	净现金流量	—	—	200	—

说明：表中“2—11”年一列中的数据为每年数，连续10年相等；用“—”表示省略的数据。

要求：

（1）确定或计算A方案的下列数据：①固定资产投资金额；②运营期每年新增净利润；③不包括建设期的静态投资回收期。

（2）请判断能否利用净现值法做出最终投资决策。

（3）如果A、B两方案的净现值分别为180.92万元和273.42万元，请按照一定方法作出最终决策，并说明理由。

4. 已知：某公司现金收支平稳，预计全年（按360天计算）现金需要量为360000元，现金与有价证券的转换成本为每次300元，有价证券年均报酬率为6%。

要求:

(1) 运用存货模式计算最佳现金持有量;

(2) 计算最佳现金持有量下的最低现金管理相关总成本、全年现金转换成本和全年现金持有机会成本;

(3) 计算最佳现金持有量下的全年有价证券交易次数和有价证券交易间隔期。

5. 已知:甲公司2005年初所有者权益总额为1500万元,该年的资本保值增值率(年末所有者权益总额/年初所有者权益总额)为125%。2008年年初负债总额为4000万元,所有者权益是负债的1.5倍,该年的资本积累率为150%,年末资产负债率为0.25,负债的年均利率为10%,全年固定成本总额为975万元,净利润为1005万元,假设适用的企业所得税税率为33%。

要求:根据上述资料,计算甲公司的下列指标:

(1) 2005年年末的所有者权益总额;

(2) 2008年年初的所有者权益总额;

(3) 2008年年初的资产负债率;

(4) 2008年年末的所有者权益总额和负债总额;

(5) 2008年年末的产权比率;

(6) 2008年的所有者权益平均余额和负债平均余额;

(7) 2008年的息税前利润;

(8) 2008年总资产报酬率;

(9) 2008年已获利息倍数;

(10) 2009年经营杠杆系数、财务杠杆系数和复合杠杆系数;

(11) 2005年年末至2008年年末的三年资本平均增长率。

模拟试题(B)答案及解析

一、单项选择题

1. 答案:D

解析:为协调所有者与债权人的矛盾,通常可以采用的方式包括:(1) 限制性借债;(2) 收回借款或停止借款。

2. 答案:C

解析：n 期预付年金现值与 n 期普通年金现值的期间相同，但由于其付款时间不同，n 期预付年金现值比 n 期普通年金现值少折现一期。预付年金现值系数是在普通年金现值系数的基础上，期数减 1，系数加 1 所得的结果。

3. 答案：B

解析：必要收益率也称最低必要报酬率或最低要求的收益率，表示投资者对某项资产合理要求的最低收益率。

4. 答案：A

解析：本题属于已知终值求年金，故答案为：100000/6.1051 = 16379.75（元）。

5. 答案：C

6. 答案：D

解析：第一年流动资金投资额 = 第一年的流动资产需用数 – 第一年流动负债可用数 = 100 – 40 = 60（万元）；

第二年流动资金需用数 = 第二年的流动资产需用数 – 第二年流动负债可用数 = 190 – 100 = 90（万元）；

第二年流动资金投资额 = 第二年流动资金需用数 – 第一年流动资金投资额 = 90 – 60 = 30（万元）。

7. 答案：B

解析：所谓速动资产，是指流动资产减去变现能力较差且不稳定的存货、预付账款、一年内到期的非流动资产和其他流动资产等之后的余额。

8. 答案：A

9. 答案：B

解析：(2000 – 500 – 500)/2000 × 100% = 50%。

10. 答案：D

解析：根据权益资金和负债资金的比例可以看出企业存在负债，所以存在财务风险；只要企业经营，就存在经营风险。但是无法根据权益资金和负债资金的比例判断出财务风险和经营风险谁大谁小。

11. 答案：C

解析：20000/40% = 50000。

12. 答案：D

13. 答案：D

14. 答案：C

15. 答案:C

解析:支付现金股利不能增加发行在外的普通股股数;增发普通股能增加发行在外的普通股股数,但是也会改变公司资本结构;股票分割会增加发行在外的普通股股数,而且不会改变公司资本结构;股票回购会减少发行在外的普通股股数。

二、多项选择题

1. 答案:ACD

2. 答案:ABD

3. 答案:CD

4. 答案:AB

解析:由于负债筹资的利息具有抵税作用,所以,在计算负债筹资的个别资金成本时须考虑所得税因素。

5. 答案:ABC

6. 答案:AC

7. 答案:BCD

8. 答案:ABD

解析:净资产收益率=主营业务净利率×总资产周转率×权益乘数。

9. 答案:ABCD

10. 答案:ABCD

三、判断题

1. 答案:错

解析:一般来讲,随着资产组合中资产个数的增加,资产组合的风险会逐渐降低,但资产的个数增加到一定程度时,资产组合的风险程度将趋于平稳,这时组合风险的降低将非常缓慢直到不再降低。

2. 答案:错

解析:在折现期间不变的情况下,折现率越高,折现系数则越小,因此,未来某一款项的现值越小。

3. 答案:对

4. 答案:错

解析:只有在证券之间的相关系数为1时,组合的风险才等于组合中各个证券风险的加权平均数;如果相关系数小于1,那么证券组合的风险就小于组合中各个证券风险的加权平均数。

5. 答案:对

解析:在除息日,股票的所有权和领取股息的权利分离,股利权利不再从属于股票,所以在这一天购入公司股票的投资者不能享有已宣布发放的股利。

6. 答案:错

解析:金融性资产的流动性与其风险呈反向变化,即流动性越强,风险性就越小。

7. 答案:错

解析:净现金流量是指在项目计算期内每年现金流入量与同年现金流出量之间的差额所形成的序列指标。

8. 答案:对

解析:权益乘数 $=\frac{1}{1-\text{资产负债率}}$,所以,权益乘数的高低取决于企业的资金结构;资产负债率越高,权益乘数越高,财务风险越大。

9. 答案:对

解析:市盈率是上市公司普通股每股市价相当于每股收益的倍数,它是评价上市公司盈利能力的指标,反映投资者愿意对公司每股净利润支付的价格。

10. 答案:对

解析:责任转账的目的是为了划清各责任中心的成本责任,使不应承担损失的责任中心在经济上得到合理补偿。

四、计算分析题

1. 答案及解析:

(1) A 股票必要收益率 $=5\%+0.91\times(15\%-5\%)=14.1\%$

(2) B 股票价值 $=2.2\times(1+4\%)/(16.7\%-4\%)=18.02$(元)

因为股票的价值 18.02 元高于股票的市价 15 元,所以可以投资 B 股票。

(3) 投资组合中 A 股票的投资比例 $=1/(1+3+6)=10\%$

投资组合中 B 股票的投资比例 $=3/(1+3+6)=30\%$

投资组合中 C 股票的投资比例 $=6/(1+3+6)=60\%$

投资组合的 β 系数 $=0.91\times10\%+1.17\times30\%+1.8\times60\%=1.52$

投资组合的必要收益率 $=5\%+1.52\times(15\%-5\%)=20.2\%$

(4) 本题中资本资产定价模型成立,所以预期收益率等于按照资本资产定价模型计算的必要收益率,即 A、B、C 投资组合的预期收益率大于 A、B、D 投资组合的预期收益率,所以如果不考虑风险大小,应选择 A、B、C 投资组合。

2. 答案及解析:

(1) 该债券的理论价值 $=1000\times8\%\times(P/A,10\%,3)+1000\times(P/F,10\%,3)$

$=950.25$(元)

(2) 设到期收益率为 k,则:

$940=1000\times8\%\times(P/A,k,3)+1000\times(P/F,k,3)$

当 $k=12\%$ 时:

$1000\times8\%\times(P/A,k,3)+1000\times(P/F,k,3)=903.94$(元)

利用内插法可得:

$(940-903.94)/(950.25-903.94)=(k-12\%)/(10\%-12\%)$

解得:

$k=10.44\%$

(3) 持有期年均收益率 $=[(60+965-940)/940]/(9/12)\times100\%=12.05\%$

3. 答案及解析:

(1) ①固定资产投资金额 =1000(万元);

②运营期每年新增净利润 = 净现金流量 - 新增折旧 =200 - 100 =100(万元);

③不包括建设期的静态投资不收期 =1000/200 =5(年)。

(2) 可以通过净现值法来进行投资决策,净现值法适用于原始投资相同且项目计算期相等的多方案比较决策,本题中 A 方案的原始投资额是 1000 万元,B 方案的原始投资额也是 1000 万元,所以可以使用净现值法进行决策。

(3) 本题可以使用净现值法进行决策,因为 B 方案的净现值 273.42 万元大于 A 方案的净现值 180.92 万元,因此应该选择 B 方案。

4. 答案及解析:

(1) 最佳现金持有量 $=\sqrt{\dfrac{2\times360000\times300}{6\%}}=60000$(元)

(2) 最低现金管理相关总成本 $=60000/2\times6\%+360000/60000\times300=3600$(元)

或

$=\sqrt{2\times360000\times300\times6\%}=3600$(元)

全年现金转换成本 $=360000/60000\times300=1800$(元)

全年现金持有机会成本 $=60000/2\times6\%=1800$(元)

(3) 有价证券交易次数 $=360000/60000=6$(次)

有价证券交易间隔期 $=360/6=60$(天)

5. 答案及解析：

（1） 2005 年年末的所有者权益总额 $=1500\times125\% =1875$（万元）

（2） 2008 年年初的所有者权益总额 $=4000\times1.5=6000$（万元）

（3） 2008 年年初的资产负债率 $=\dfrac{4000}{4000+6000}\times100\% =40\%$

（4） 2008 年年末的所有者权益总额 $=6000\times(1+150\%)=15000$（万元）

2008 年年末的负债总额 $=\dfrac{0.25\times15000}{1-0.25}=5000$（万元）

（5） 2008 年年末的产权比率 $=\dfrac{5000}{15000}\approx0.33$

（6） 2008 年所有者权益平均余额 $=\dfrac{6000+15000}{2}=10500$（万元）

2008 年负债平均余额 $=\dfrac{4000+5000}{2}=4500$（万元）

（7） 2008 年息税前利润 $=\dfrac{1005}{1-33\%}+4500\times10\% =1950$（万元）

（8） 2008 年总资产报酬率 $=\dfrac{1950}{10500+4500}\times100\% =13\%$

（9） 2008 年已获利息倍数 $=\dfrac{1950}{4500\times10\%}\approx4.33$

（10） 2009 年经营杠杆系数 $=\dfrac{1950+975}{1950}=1.5$

2009 年财务杠杆系数 $=\dfrac{1950}{1950-450}=1.3$

2009 年复合杠杆系数 $=1.5\times1.3=1.95$

（11） 资本三年平均增长率 $\left(\sqrt[3]{\dfrac{15000}{1875}}-1\right)\times100\% =100\%$

图书在版编目(CIP)数据

《财务管理》习题及解析 / 杨忠智主编. —杭州 : 浙江人民出版社,2009.2(2015.8 重印)
ISBN 978-7-213-03965-2

Ⅰ.财… Ⅱ.杨… Ⅲ.财务管理-解题
Ⅳ.F 275-44

中国版本图书馆 CIP 数据核字(2009)第 015212 号

书名	《财务管理》习题及解析
作者	杨忠智 主 编
	戴娟萍 副主编
出版发行	浙江人民出版社
	杭州市体育场路347号
	市场部电话:(0571)85061682 85176516
责任编辑	金 纪
责任校对	鞠 朗 朱晓阳
封面设计	赵 雅
电脑制版	杭州兴邦电子印务有限公司
印刷	杭州大众美术印刷厂
开本	710毫米×1000毫米 1/16
印张	14.5
字数	24.5万
插页	2
版次	2009年2月第1版
	2015年8月第7次印刷
书号	ISBN 978-7-213-03965-2
定价	28.00元